GRAMÁTICA DE LA POESÍA

JOAQUÍN GONZÁLEZ MUELA

Gramática de la poesía

EDITORIAL PLANETA   BARCELONA

planeta/universidad

BRYN MAWR COLLEGE
DEPARTAMENTO DE ESPAÑOL

© Joaquín González Muela, 1976
Editorial Planeta, S. A., Calvet, 51-53, Barcelona (España)
Cubierta: Hans Romberg (montaje, Gutiérrez Chacón)
Primera edición: marzo de 1976
Depósito legal: B. 13863-1976
ISBN 84-320-3203-4
Printed in Spain/Impreso en España
Artes Gráficas Ponsa, Gonzalo Pons, 23, Hospitalet (Barcelona)

SUMARIO

El poder de la ciencia
no es conocer el mundo: dar orden al espíritu.
Formular con tersura
el arte magna de su léxico
en orden de combate: el repertorio mágico
de la nomenclatura y las categorías,
su tribunal preciso, inapelable prosa
bella como una máquina de guerra.
Y recorrer con método
los desvaríos de su lógica; si de pájaros hablo
prestar más atención a las aves zancudas.

GUILLERMO CARNERO
El sueño de Escipión

Gramática de la poesía: *No UNA gramática de la poesía, ni LA gramática de la poesía. Simplemente, estudios gramaticales basados en textos poéticos, asunto que ya traté en El lenguaje poético de la generación Guillén-Lorca, Ínsula, Madrid, 1954.*

Ahora tenemos en cuenta los nuevos métodos de la lingüística y los aplicamos en nuestro estudio. Hemos seleccionado una serie de poemas, que va de Celaya (1953) hasta nuestros días. Así es que el subtítulo de este estudio podría ser «El lenguaje poético desde 1950 hasta nuestros días». Damos al final los poemas que nos han servido de base y que el lector tendrá que mirar constantemente.

Bryn Mawr, Pennsylvania, abril de 1975.

INTRODUCCIÓN

Mi intención es analizar, registrar y catalogar algunos rasgos lingüísticos de la poesía española desde, digamos, 1950. El terreno en que nos hemos metido es escurridizo. No sabemos qué nombre dar a nuestro territorio. No es LINGÜÍSTICA, porque sabido es que sólo hay UNA. ¿Será ESTILÍSTICA? Tampoco nos convence llamar «estilística» a nuestro trabajo: ha habido otras «estilísticas» anteriores y, no porque algunos hayan tratado de desacreditarlas, sino porque nuestra intención no se corresponde con ellas, dudamos de encuadrar bajo ese nombre nuestras investigaciones. ¡Pero hay una nueva Estilística! ¿Neo-Estilística? Preferimos bautizar nuestro libro con el nombre de *Gramática de la poesía*.

Para empezar, vamos a resumir algunos juicios modernos sobre lo que es, y cómo atacar, el lenguaje poético. La bibliografía es abundantísima, pero, afortunadamente, se han publicado los resultados de algunas reuniones recientes de especialistas sobre el tema, y esos resultados son los que vamos a resumir antes de empezar nuestra propia tarea.

En *Style in Language*, Cambridge, Mass., 1960, edit. Thomas A. Sebeok, hay un trabajo de Edward Stankiewicz, «Linguistics and the Study of Poetic Language», que puede ser útil como punto de partida metodológico.

Stankiewicz distingue en el uso de la lengua las siguientes dimensiones:

A) *El asunto*, que se puede llamar también «referente»: es la cosa de que se habla. Dice Stankiewicz que la creación literaria aparece dentro de una tradición y que se podría hacer una tipología y un índice de temas o asuntos. Entra, naturalmente, la semántica, y estamos ante un problema metalingüístico; pero forma y contenido son inseparables, y el lingüista puede operar en el campo de la primera (la forma). Además, los mismos temas imponen restricciones (los diferentes géneros literarios), como también lo hacen las figuras y tropos, la rima y otros trucos literarios, que limitan la arbitrariedad del signo y dejan a éste un tanto motivado, usando terminología saussuriana.

B) *Los participantes*: quién habla a quién o a qué —locutor y destinatario.

C) *La emisión del mensaje* («the speech act»): el hecho físico de emitir el mensaje. Tiene que ver con la declamación: cómo se lee un poema, en qué tono. Habría que escuchar el poema a su propio creador, lo cual representa dificultades insuperables en muchos casos. Pero es un punto digno de atención. Por ejemplo, toda la corriente que Nicanor Parra representa con sus «anti-poemas» se basa en una aversión a la retórica y a la composición que requiere una voz engolada para ser leída. Parra se esfuerza en producir poemas, o artefactos, que salgan con la fluidez natural (y con toda la fuerza expresiva) del dicho popular.

D) *Cifra* (en inglés y en francés se dice «code», pero nosotros preferimos «cifra», teniendo como tenemos el verbo «descifrar», mucho mejor que cualquier adaptación al español de la palabra inglesa *decode* o la francesa *decoder*). La *cifra* es lo más importante que hay que observar: es la lengua en que se transmite el mensaje, y aquí es donde tiene que actuar el lingüista usando sus delicados instrumentos para «descifrar» esa lengua y tratar de establecer su *gramática*.

E) *El mensaje*: la presentación del asunto, la ordenación de la materia verbal. Aquí se debe estudiar los efectos de la rima, la distribución de las estrofas, el orden o el desorden (la estructura) del poema. La composición y sus efectos. Por ejemplo, Jorge Guillén, en *Homenaje*, nos da el texto italiano de una prosa poética de Romano Bilenchi, y de ese texto hace tres versiones poéticas en español: una en endecasílabos, otra en forma de romance y otra en cuartetas de seis sílabas. Es tentador hacer un estudio de esas diferentes presentaciones del mismo tema por lo que a la composición se refiere, y eso sería un estudio de lo que Stankiewicz llama «el mensaje». (Por cierto, ya ha aparecido un intento: Roberto Paoli,

«Jorge Guillén ante Italia», *Revista de Occidente*, 130, enero de 1974, pp. 110-114.)

La oveja negra del lenguaje poético, para los lingüistas, es el «significado», y por eso los lingüistas se muestran cautos, y hacen bien. Hay además otras tantas ovejas negras en el lenguaje poético que casi forman un rebaño: la rima, el metro, el verso, el encabalgamiento, la cesura... Todo eso son «convenciones» y caen fuera, o deben caer fuera, del interés del lingüista, como demuestra punto por punto Samuel R. Levin, en «The Conventions of Poetry», *Literary Style: A Symposium*, edit. por Seymour Chatman, Oxford Univ. Press, Londres-Nueva York, 1971, páginas 177-193. (Después comentaremos este trabajo, y otro, de Samuel R. Levin.)

Es absolutamente necesario que la lingüística mantenga su método estricto. Hay quien quiere eliminar los elementos emotivos de la lengua en el estudio científico del lenguaje (Joos); y Sol Saporta dice que las diferencias emotivas son elementos no-lingüísticos, «atribuibles a la ejecución del mensaje, no al mensaje mismo». Roman Jakobson cree que estas opiniones reducen arbitrariamente la capacidad informacional del mensaje. (Véase R. Jakobson, «Fonction "poétique" et communication», en *La Stylistique*, edit. por Pierre Guiraud y Pierre Kuentz, París, 1970, pp. 155-164.)

Supongamos que un lingüista hubiera tenido que intervenir en el caso siguiente: en Inglaterra, hace años, dos menores de edad fueron acusados de matar a un policía. Los muchachos tenían una pistola y el policía se la pidió. Entonces, uno de los chicos dijo: «Let him have it». En el tribunal hubo largas discusiones, porque esta frase, según el fiscal, quería decir «Cárgatelo», pero según el defensor, «Dásela». Si hubieran llamado a consulta a un lingüista, éste sólo habría explicado la estructura de la frase «Let him have it», y aunque hubiera un hombre de cuerpo presente y un muchacho a punto de ir a la cárcel, no por eso podría sacársele al lingüista si había que perdonar o no. Si el buen lingüista hubiera preguntado al muchacho: «Vamos a ver, niño, ¿en qué tono dijiste

Let'm have't, con un tono airado o con un tono blando?»,
el muchacho habría contestado que con un tono neutro,
porque sabía lo que le iba en ello, y así habría dado una
lección al lingüista, que éste aprovecharía, diciendo:
«*Let'm have't*, tal como lo pronuncia este muchacho, y
fuera de contexto, no es una expresión ambigua; es una
expresión que no significa nada, pero que tiene una
forma analizable, y eso es todo lo que un servidor puede
hacer por el tribunal.»

La lingüística no tiene que ver con la jurisprudencia ni
con la moralidad ni con la poesía. La gramática de la
poesía es la que tiene que ocuparse de esos casos, u otros
semejantes. Hay actividades lingüísticas —la poesía, por
ejemplo— con las que la lingüística no sabe qué hacer
todavía.

La lingüística se ocupa de estudiar la lengua hablada corrientemente por los miembros de una comunidad, pero
«la noción de "lengua corrientemente hablada por todos
los miembros de una comunidad" es o demasiado trivial
o demasiado imprecisa. Es trivial si entendemos por ello
el uso de las frases molientes que hace poco citamos:
"Abre la puerta, etc."; imprecisa, si la interpretamos como
"todos los elementos léxicos que se emplean en la comunidad". Si hay un sistema verbal común del tipo indica-
do es el que permite forjar oraciones que algunos pueden
no entender, pero de modo distinto a como no se entiende
una lengua extranjera. El no entender, el malentender, el
decir una cosa por otra, etc., son fenómenos que se dan
en una comunidad lingüística y que por sí solos no auto-
rizan a mantener que una lengua ha dejado de ser un
idioma». (J. Ferrater Mora, *Investigaciones sobre el lenguaje*, Alianza Editorial, Madrid, 1970, p. 103.)

Siempre que haya una «cifra» que «descifrar», el lingüista tiene una tarea —y si se trata del lenguaje poético,
tal vez la tarea sea doble, y entonces el lingüista quiera
delegar en un representante, el estilista, o el gramático
de la poesía.

De lo que nosotros tratamos es de incorporar el «habla»
a la «lengua», dentro de las reglas de ésta, pero modifi-
cadas si es necesario.

(«La deformación deja de serlo cuando está sujeta a

una matemática perfecta. Mi estética actual es transformar con matemática de espejo cóncavo las normas clásicas.» Valle-Inclán, *Luces de bohemia,* escena 12.)

A Roman Jakobson, al que nadie niega su autoridad como lingüista, le critican los lingüistas-puros por tener cierta manga ancha. Ya hemos visto que ha dicho que no se puede reducir arbitrariamente la capacidad informacional del mensaje, y eso le duele al lingüista-puro. A nosotros nos interesa especialmente tener en cuenta la experiencia del viejo maestro en los dos campos que nos ocupan, la poesía y la lingüística. En el artículo citado, «Fonction "poétique" et communication», establece en el cuadro siguiente los factores constitutivos del proceso lingüístico:

$$\text{Destinateur...} \quad \begin{array}{c} \text{Contexte} \\ \text{Message...} \\ \text{Contact}^{1} \\ \text{Code} \end{array} \quad \text{Destinataire}$$

Este sistema recuerda las tres funciones del lenguaje, según Bühler: *emotiva* (corresponde a la 1.ª persona —locutor—), *conativa* (a la 2.ª persona —destinatario—) y *referencial* (a la 3.ª persona, de quien se habla). De la tercera función se podrían sacar otras dos: la *mágica* o *encantatoria* y la función *fática,* término tomado del antropólogo Malinowsky. La función *mágica* o *encantatoria* consiste en la conversión de una 3.ª persona ausente o inanimada en destinataria del mensaje «conativo». Por ejemplo: «Puisse cet orgelet se dessécher, *tfu, tfu, tfu.*» (Fórmula mágica lituana.) «¡Sol, párate sobre Gabaón, y tú, luna, sobre el valle de Ayyalón! Y el sol se paró y la luna se quedó inmóvil» (Josué).

La función *fática* pretende establecer, prolongar o interrumpir la comunicación, comprobar si el circuito funciona. Por ejemplo: «Allô, vous m'entendez?» —llamar la

---

1. *Contact* es el canal físico y conexión sicológica entre locutor y destinatario para establecer y mantener la comunicación.

atención del interlocutor, o hacer que ésa no decaiga: por ejemplo, «Dites, vous m'écoutez?»

Con su bendita manga ancha, Jakobson no quiere hacerse el sordo al metalenguaje. (El metalenguaje habla del lenguaje mismo, por oposición al «langage objet», que habla de los objetos.) Un caso de metalenguaje se presenta cuando, en medio de una comunicación, el locutor o el destinatario verifican si están utilizando bien el mismo *code* o cifra. Por ejemplo: «Je ne vous suis pas —que voulez-vous dire?» «Comprenez-vous ce que je veux dire?» La *intención* de esas frases es desdeñada por el lingüista puro, pero nosotros agradecemos la observación de Jakobson, porque uno de nuestros poetas estudiados dice: «Comprended lo que digo si digo buenos días» (Gabriel Celaya).

Queremos subrayar estas otras afirmaciones de Jakobson: «La visée (Einstellung) du message en tant que tel, l'accent mis sur le message pour son propre compte, est ce qui caractérise la fonction *poétique* du langage.» «*Toute tentative de réduire la sphère de la fonction poétique à la poésie, ou de confiner la poésie à la fonction poétique, n'aboutira qu'à une simplification excessive et trompeuse*» (art. cit., p. 162). Esta función es la dominante en poesía, pero hay otras. «Esta función, que pone en evidencia el lado palpable de los signos, hace más profunda la dicotomía fundamental de signos y objetos. Además, al tratar de la función poética, la lingüística no se puede limitar al dominio de la poesía» (ibíd., p. 162). Un ejemplo de no poesía: «Pourquoi dites-vous toujours *Jeanne et Marguerite*, et jamais *Marguerite et Jeanne*? Préferez-vous Jeanne à sa sœur jumelle?» «Pas du tout, mais ça sonne mieux ainsi.» Es que el mensaje va mejor anteponiendo el nombre más corto, sin que interfiera la jerarquía. (Parece que la regla funciona en español: yo dedicaría un libro «A Juan y Fernando», no «A Fernando y Juan». Y la misma regla parece que funciona cuando en los apellidos se añade una *y* para compensar el número de sílabas: *Menéndez y Pelayo, Zabala y Lera*.) Otro ejemplo: «L'affreux Alfred.» «¿Por qué "affreux"?» —«Le deteste.» —«Y por qué no *terrible, horrible, insupportable, degoûtant?*» —«Je ne sais pas pourquoi, mais *affreux* lui va mieux.» Sin saberlo, la chica que habla ha aplicado el procedimiento poético de la *paronomasia*.

Hemos visto que hay tres funciones en el lenguaje: *emotiva, conativa* y *referencial*. «La poesía épica, centrada en la 3.ª persona, aplica la función *referencial*; la lírica, orientada hacia la 1.ª persona, aplica la función *emotiva*; la poesía de la 2.ª persona está marcada por la función *conativa*, y se caracteriza como *suplicatoria* o *exhortativa*, según que la 1.ª persona esté subordinada a la 2.ª, o la 2.ª a la 1.ª.»

«Ahora podemos completar el esquema de los seis "factores" fundamentales con un esquema correspondiente a las "funciones":

	Referentielle	
Emotive	Poétique	Conative
	Phatique	
	Métalinguistique.»	

En este mismo artículo de Jakobson hay unos párrafos muy útiles para comprender su interpretación de la *metáfora* y la *metonimia*, asunto al que nos vamos a referir a continuación. Según Jakobson, hay dos modos fundamentales de ordenar el comportamiento verbal: *selección* y *combinación*. Supongamos que el tema del mensaje es «enfant». El locutor tiene que hacer una selección: *enfant, gosse, mioche, gamin*... Y para «comentar» el tema tiene que escoger entre *dort, someille, repose, somnole*...

Las dos palabras escogidas se «combinan» en la cadena hablada. La *selección* se produce sobre la base de la equivalencia, la semejanza y la desemejanza, de la sinonimia y la antonimia; mientras que la *combinación*, la construcción de la secuencia, obedece a la «contigüidad». Están funcionando los dos ejes, paradigmático y sintagmático —dos ejes que ya habían sido diferenciados por lingüistas precedentes, pero que Jakobson ha pulido hasta el punto de ofrecer nuevas posibilidades de análisis. «*La fonction poétique* —termina Jakobson— *projette le principe d'équivalence de l'axe de la selection sur l'axe de la combination.*» El lenguaje poético utiliza la ecuación para cons-

truir la secuencia; mientras en el metalenguaje la secuencia se utiliza para construir una ecuación: $A = A$:
«La jument est la femelle du cheval.» (En este último
caso se ha hecho uso secuencial de unidades equivalentes
combinando expresiones sinónimas en una frase ecua-
cional.)

La fructífera teoría de Jakobson sobre la *metáfora* y la
metonimia puede leerse en su libro *Fundamentals of Language*, Gravenhage's, Mouton, 1956, pp. 76 y ss.

He aquí un resumen: la metáfora refleja una similaridad, y la metonimia una contigüidad. Los dos conceptos
implican un punto de vista lingüístico, y no exclusiva-
mente semántico. En el caso de la metáfora se trata, en
realidad, de una oposición lingüística: digo *esto*, no *eso*,
aunque las dos cosas significan ESTO. En el caso de la
metonimia se trata de una verdadera continuidad lingüística: la frase sigue su fluir sintagmático. La metáfora,
dice Jakobson, es de tipo *sustitutivo*; la metonimia, de
tipo *predicativo*. El ejemplo de tipo sustitutivo (metáfora) que da Jakobson es: *cabaña — se quemó*; de tipo
predicativo (metonimia): *cabaña — es una vivienda pequeña y pobre*. Éstas serían las posibles reacciones de un
sujeto al que se mencionase la palabra «cabaña». Aunque las dos expresiones son predicativas (una tiene un
predicado verbal y la otra un predicado nominal), en la
primera, según Jakobson, hay una similaridad semántica
(como si la cabaña y el fuego estuvieran hechos la una
para el otro), mientras en la segunda hay fundamental-
mente una contigüidad sintáctica. Añade Jakobson: *cabaña, choza, cobertizo* serían distintas posibilidades de tipo
metafórico; pero *cabaña, techo de paja, pobreza* (o en
francés e inglés *chaume, thatch*; *paille, litter*; *pauvreté,
poverty*) sustituciones de tipo metonímico, porque en
ellas se combina y contrasta la inicial similaridad con
una contigüidad semántica y sintáctica: los significados
no quedan encapsulados en sí mismos (como en el primer
caso), sino que pasa una corriente de uno a otro.

Las observaciones de Jakobson sobre este asunto han abierto la puerta a nuevas investigaciones sobre el lenguaje paradigmático y el sintagmático (Roland Barthes, *Éléments de semiologie*, 1964, y sus seguidores, entre ellos Jean Cohen, *Structure du langage poétique*, 1966). Un eco extremo de la teoría de Jakobson puede verse en Eliseo Verón, «L'analogique et le contigu. Note sur les codes non digitaux», en *Communications*, 15, 1970, pp. 52-69. Y, lo más importante, se ha vuelto a prestar atención a las posibilidades lingüísticas que entreveían los antiguos retóricos: véase el artículo de Jean Cohen dedicado a las figuras retóricas, y el de Tzvetan Todorov dedicado a las sinécdoques, en *Communications*, 16, 1970.

Una excelente exposición de las teorías de Jakobson puede verse en Victor Erlich, «Roman Jakobson: Grammar of Poetry and Poetry of Grammar», *Approaches to Poetics*, edit. Seymour Chatman, Columbia Univ. Press Nueva York-Londres, 1973, pp. 1-27.

En estos *Approaches to Poetics* recién citados hay un artículo muy agudo e inteligente sobre los avatares de la pobre Estilística y sus choques con la hermana mayor, y un tanto despectiva, la Lingüística. Me refiero al artículo de Stanley E. Fish, «What Is Stylistics and Why Are They Saying Such Terrible Things About It?», pp. 109-152. Es tan estimulante el artículo que vamos a hacer un largo resumen:

La estilística nació como una reacción a la subjetividad e imprecisión de los estudios literarios. Con la ayuda de rigurosas descripciones lingüísticas, se quiso dar a la crítica una base científica. Pero veamos lo que hace con la estilística un especialista en gramática transformacional, Richard Ohmann. Lo que hace es interponer un formidable aparato entre su descripción e interpretación del texto. Ese aparato es la gramática transformacional. Es su artículo «Generative Grammar and the Concept of Literary Style», Ohmann compara la prosa de Faulkner con la de Hemingway. El estilo de Faulkner es irrecono-

cible cuando «los efectos de tres transformaciones gene-
ralizadas —la transformación de la frase relativa, la de
la conjunción y la comparativa— son invertidos». Sin
esas transformaciones, un párrafo de *The Bear* queda
virtualmente sin huellas del estilo de Faulkner. Pero
cuando se hace lo mismo con Hemingway, el párrafo de
Hemingway sigue sonando a Hemingway. De esto se
desprenden dos conclusiones para Ohmann: 1) Faulkner
«se apoya fuertemente sobre un reducido aparato gramatical», y 2) «la diferencia estilística... entre los frag-
mentos de Faulkner y Hemingway se puede explicar en
su mayor parte basándose en ese aparato». A 1) Fish quisiera responder que todo depende de lo que se quiera
decir con «se apoya fuertemente sobre...» ¿Se refiere al
aparato o a la real predilección del autor? (La confusión
entre las dos cosas es típica de la crítica estilística.) A
propósito de 2), Fish pregunta: ¿«explicar» quiere decir
para Ohmann algo más que «se hace formalizable»? De
acuerdo que la gramática transformacional es un medio
mejor de obtener las huellas dactilares de un autor que
la cuenta del porcentaje de sustantivos o la medida de la
longitud de las frases; al fin y al cabo esa gramática se
encarga de estudiar relaciones y distinciones de tipo es-
tructural y no meramente estadístico. Pero Fish no está
de acuerdo en dar a esas distinciones un valor independiente, es decir, dar una significación fija a los procedimientos del mecanismo que obtiene las huellas dactilares; como no estaría de acuerdo en interpretar el carácter o la personalidad de un hombre basándose en sus
huellas dactilares. Y eso es lo que quiere hacer Ohmann:
«pasar de la descripción formal de los estilos a la interpretación de ellos debería ser la meta de la estilística»,
dice Ohmann, y en el caso de Faulkner, «parece razona-
ble suponer que un escritor, cuyo estilo depende tanto
de esas tres transformaciones semánticamente relacio-
nadas, ese escritor y su estilo están orientados concep-
tualmente de cierta manera, una manera preferida de or-
ganizar la experiencia». Lo que hace Ohmann es precisamente lo que Chomsky aconseja que *no* se debe hacer:
dar un valor semántico al uso del mecanismo descriptivo. No se debe establecer una conexión entre «la orienta-

ción conceptual» de un autor y los patrones formales que
se extraen al usar el aparato descriptivo. Ésta es una
actitud tan «impresionista» como la de la vieja crítica
literaria.

Hay otras posturas ante las que Fish se muestra severo. Otros autores han querido encontrar una justifica-
ción científica (gramatical) a las «impresiones» de los
críticos. Es lo que hace J. P. Thorne, «Generative Grammar and Stylistic Analysis». Pero es un error dar un
valor semántico a un hecho formal, ya que ese hecho puede tener significados diferentes, si no opuestos.

Otro caso: el de Michael Halliday, por ejemplo, en
«Linguistic Function and Literary Style», en *Literary
Style: A Symposium*, que ya hemos citado. El señor Halliday posee un método propio: la gramática de escalas ca-
tegoriales, un método muy complicado: ha descubierto
cuatro categorías (no sabemos por qué no más), con las
que el lingüista puede segmentar su texto horizontal
o verticalmente y hacer posible una taxonomía exhausti-
va. Pero además encuentra otras tres categorías de abstracción, y añade las tres funciones de Bühler algo mo-
dificadas, construyendo así una máquina verdaderamente
impresionante. Al pasar una frase por este aparato (o
máquina, o artefacto), dice Fish, lo único que se consigue
es proveer de etiquetas a los constituyentes de la frase,
y nada más, pues todas esas categorías del sistema están
sin relación con otra cosa fuera de su propio círculo, y
hay que aceptarlas por un acto arbitrario de aserción.
Cuando un texto pasa por la máquina de Halliday, primero se desarticula en partes, a las que se les pegan
etiquetas, y se termina reensamblándolas en su forma
original. En total, el crítico no ha hecho sino muy com-
plicadas operaciones para llegar a nada. *El aparato o la
máquina es el héroe de la composición literaria.* De lo
que se olvidan estos estilistas inmersos en inventariar y
fijar las significaciones es de la actividad misma (literaria) en el curso de la cual se están fijando las significaciones. Se olvidan de la experiencia del lector. No permi-
ten al hombre realizar una de sus capacidades más no-
tables: dar al mundo un significado; en cambio, lo que
hacen es sacar un significado que ya estaba ahí, y nada

oculto. (No se si a Fish le gustaría esta frase de Ramón,
en *Pombo*: «Y querían que diésemos importancia a sus
dinguilindingos», que a mí me parece oportuna.)

El caso de Riffaterre es ejemplar, porque parece que
está haciéndolo todo muy bien: quiere «seguir exactamente el proceso normal de la lectura», y busca lectores,
que él llama «informantes», para que comuniquen sus experiencias. Pero entonces Riffaterre hace una cosa muy
curiosa: cuando el proceso de lectura ha sido descrito,
lo vacía de su contenido. De lo que comunican sus lectores sólo retiene lo que él estaba esperando encontrar.
Corta los datos de la fuente valiosa para darles el valor
que él desea.

Fish termina su artículo diciendo lo que hay que hacer:
«Estoy apelando no por la muerte de la estilística, sino
por una nueva estilística, a la que en otro lugar he llamado estilística "afectiva" [véase su "Literature and the
Reader: Affective Stylistics", *New Literary History*, II
(Autumn, 1970); y *Self-Consuming Artifacts*, Berkeley-Los
Ángeles, 1972]: una estilística en la que el foco de atención pase del contexto espacial de la página, y sus regu-
laridades observables, al contexto temporal de la mente,
y sus experiencias» (p. 144). Lo que interesa no es lo que
una palabra o un «pattern» *significan*, sino cómo reacciona ante ellos el lector, qué hace, qué espera, qué actos
es movido a realizar. (El tipo de lector, «lector informado» —«informed reader»—, que quiere Fish se parece
mucho al lector en el que piensa Dámaso Alonso al principio de su *Teoría y métodos estilísticos*.) Fish ha criti-
cado en los estilistas la falta de conexión entre sus actos
descriptivos y los interpretativos. En su estilística, «*son
actos interpretativos lo que se describe*; ellos, y no
"patterns" verbales que se organizan en el espacio, son
el contenido del análisis» (p. 148). No hay que sacar algo
de la literatura, sino poner algo: humanizarla. «Los estilistas actuaban como si hubiera actos observables que
primero podían ser descritos y luego interpretados. Lo
que yo sugiero es que un método interpretativo, dotado
de inquietudes y fines, tiene que ser, en virtud de su
propia operación, el que determina qué hechos vale la
pena observar» (p. 148). «Todo lo que se tiene al empe-

zar el trabajo es la sensación de una habilidad finita, pero infinitamente flexible, y la seguridad personal de lo que significa tener esa habilidad. Entonces, uno trata de proyectar el camino que esa habilidad debería seguir al acercarse a un texto determinado, tomando como punto de partida en ese proyecto lo que uno sabe, a lo que se debe añadir el ser consciente de que lo que uno sabe se está usando en un trabajo analítico» (p. 151). Todo lo demás puede ayudar —lingüística, lo que sea—, pero al final, «uno se queda solo consigo mismo y con la imposible tarea de comprender lo comprensible —imposible, porque no tiene fin...» (p. 152).

Se nota la falta de un sistema redondeado, que sin duda caería en la categoría de las máquinas antes descritas, pero la gran virtud del método es «the recognition that meaning is human» («admitir que "significar" es algo humano»). (Fin del artículo, p. 152.)

Parece que la vuelta al lector está de moda. Véase este comentario a una comunicación de Ullmann: «No parece haber ninguna razón particular por la que la estilística deba seguir la misma organización que la lingüística; este asunto sólo podrá ser visto claro cuando decidamos si la estilística tiene que ser o no una teoría de algo, y, si la respuesta es afirmativa, qué cosa es ese algo. Puede ser incitante esta idea: que la teoría estilística es una teoría que concierne al lector, o, más específicamente, a las intuiciones o percepciones del lector» (Stephen Ullmann, «Stylistics and Semantics», en *Literary Style: A Symposium*, pp. 133-155; nuestra cita es de la p. 154).

Otra teoría que ha tenido eco, como ya hemos visto, es la de Michael Riffaterre, expuesta en diferentes estudios, ahora reunidos en sus *Essais de Stylistique structurale*, París, 1971. Riffaterre es un lingüista muy capacitado y bien informado, y además demuestra sensibilidad ante la literatura. Desde un principio, quiere dejar bien clara la diferencia entre lingüística y estilística. Hay hechos lingüísticos y hechos estilísticos, y un sistema diferente para cada campo. Primero, el estilista debe reunir los rasgos estilísticos, y después someterlos a un análisis lingüístico. Si nos preguntásemos por qué, la respuesta sería rápida: para que el trabajo tenga valor «científico».

He aquí su definición de *estilo*: «Estilo es la "mise en relief" que imponen ciertos elementos de la secuencia verbal a la atención del lector» (p. 31). De aquí la importancia del *lector* en la teoría de Riffaterre. Lo que éste quiere hacer es dar objetividad al posible juicio de valor subjetivo del lector.

Hatzfeld ha creído ver cierta semejanza entre este «lector» de Riffaterre y el lector-crítico de Dámaso Alonso; pero Riffaterre niega tal semejanza: «a mí no me interesa la crítica del lector en sí misma; yo la estudio en tanto que refleja un comportamiento» (p. 43). (Ya hemos visto que Fish también se interesa por la reacción, el comportamiento, del lector.) Riffaterre utiliza a sus lectores, o «informantes», como él los llama, para que el «analista» tome nota de las reacciones de los primeros al leer el texto; después, el analista despojará lo observado de lo que pueda tener de *personal* y considerará lo que quede como «señales» dignas del estudio objetivo.

Hay una crítica al método de Spitzer (y se podría incluir el de Dámaso Alonso). Spitzer infiere de un detalle de la psique del autor, y después apoya esa inferencia con otros detalles chocantes, dejando sin tocar otros muchos detalles que podrían tener valor estilístico. Esos otros detalles o no se quieren ver o no se ven porque no encajan en el plan preconcebido. (Lo único que quisiéramos añadir nosotros, en defensa de Spitzer —o Dámaso Alonso—, es que un lector como Spitzer o Alonso es excepcional: tienen una agudeza de visión y una experiencia que no tiene un lector corriente.)

Una pregunta muy repetida por los nuevos estilistas es ésta: ¿el rasgo estilístico es una «desviación» de la norma lingüística? (J. Cohen llega a llamarlo «aberración», un término tal vez demasiado fuerte). Pero así es: el rasgo estilístico es una «desviación». (No podemos dejar de pensar que no hay novela buena que no trate de una aberración; como lo interesante del juego de «la-

crosse» son las llamadas «violaciones» de las reglas: pueden costar un «penalty», pero le dan gracia al juego;
o, el fundamento de la psiquiatría es «describir, explicar
y tratar el fenómeno de *desviación* [subrayado mío] de
la conducta», *Revista de Occidente*, agosto de 1974, p. 62.)
Así, pues, la estilística.

Riffaterre cree que cualquier elemento lingüístico puede tener un valor estilístico en un contexto o en otro. Lo
importante es el *contexto*, y el rasgo lingüístico se de-
tecta por ser algo «inesperado» en ese contexto: una sor-
presa que acusa, y a la que reacciona, el lector. El contexto literario es «parole» y no «langue», y por eso el
analista tiene que «descifrarlo» y describirlo no en relación con la «norma», sino en relación con el mismo contexto (p. 99). Un «contexto poético» tiene una serie de
interrelaciones que lo hacen ser un «sistema» en sí mismo. «Es literario todo texto que se impone a la atención
del lector por su forma, independientemente de su contenido» (p. 65).

«La terminología de la gramática tradicional no sirve
—dice Riffaterre—. Por ejemplo, un arcaísmo, visto por
un verdadero estilista, es algo que pertenece a una lengua anterior a la representada en el contexto, y si aparece como algo imprevisto es un rasgo estilístico. En una
clasificación verdaderamente estilística, ese rasgo espe-
cífico (su contraste creador del efecto estilístico) debería ser agrupado en una clase formada por arcaísmos,
neologismos, préstamos tomados a lenguas extranjeras
o lenguas técnicas...» «En cambio, la clasificación gramatical tradicional pone bajo la misma rúbrica hechos
de estilo diferentes» (p. 108).

En resumen: «La estilística es la parte de la lingüística
que estudia la percepción del mensaje» (p. 137), o «los
efectos del mensaje» (p. 146).

Parece que en el mejor de los casos la estilística es la
parte de la lingüística que la lingüística deja de lado; o
dicho de otra manera, las sobras de la lingüística son
la tajada de la estilística («otro sabio iba cogiendo...»).

El lingüista pone unas barreras alrededor de su dominio que el estilista, o el gramático de la poesía, quisiera, pero no sabe cómo, saltar.

Hay un trabajo de Samuel R. Levin, ya citado, que trata de fijar la línea divisoria entre el lenguaje poético y el lenguaje ordinario: «The Conventions of Poetry», en *Literary Style: A Symposium*, edit. Seymour Chatman, 1971, pp. 177-196. Dice Levin: «Un poema es un objeto estético compuesto de lenguaje. Con esto se dice implícitamente que también es un objeto "cognitivo", puesto que la primera función del lenguaje es comunicar información. Así pues, un poema conlleva, por lo menos, las dimensiones "cognitiva" y estética del lenguaje.» Pero las convenciones sólo ejercen una función estética, y quedan fuera del análisis lingüístico. Las convenciones que estudia Levin son: el metro, la rima, aliteración, encabalgamiento, cesura y el verso. (Nos permitimos recordar la opinión contraria de Saussure: «Les textes poétiques sont des documents précieux pour la connaissance de la prononciation: selon que le système de versification est fondé sur le nombre des syllabes, sur la quantité ou sur la conformité des sons —allitération, assonance, rime—, ces monuments nous fourniront des renseignements sur divers points», que, según Saussure, tienen interés para la lingüística. *Cours de linguistique générale*, 1931, p. 60.)

Continúa Levin: «El metro es un esquema abstracto de periodicidad.» No tenemos más remedio que estar de acuerdo. Desde luego —admite Levin—, el ritmo y las necesidades de la entonación pueden interferir en el metro, y por lo tanto esas necesidades y ritmo pueden ser tenidas en cuenta en un análisis lingüístico.

El verso es algo que tiene que ver con la tipografía, dice Levin, y estamos de acuerdo. Pero Levin supone que puede haber ciertas posibilidades de interés lingüístico en el verso libre.

La rima: «*en un primer análisis*, la rima no lleva significado "cognitivo". Desde luego, esto no quita la posibilidad de que la rima tenga un significado algo más que musical». Como vemos, Levin no cierra todas las puertas.

Pero no hay duda: un poema es una «forma» convencional, cerrada, que el poeta se impone y nos impone. La gramática estudia, analiza y ordena las convenciones de la lengua, pero no las de la lengua poética. «Si se pudiera decir: yo vieron subir la luna, o: nos me duele el fondo de los ojos, y sobre todo así: tú la mujer rubia eran las nubes que siguen corriendo delante de mis tus sus nuestros vuestros sus rostros» (J. Cortázar, «Las babas del diablo»). No; no se puede decir eso, todavía.

La estilística, que no sabemos muy bien lo que es, es la que debe ocuparse de las convenciones de la poesía y de sus desviaciones del lenguaje ordinario. Por ahora, la estilística pide prestado su método a la lingüística; y todo nuestro interés consiste en ver si se pueden incluir algunos rasgos del lenguaje poético dentro de los modelos catalogados por la lingüística. Me parece que Jakobson y otros tienen la misma intención.

Vamos a citar a Levin otra vez: «La poesía se diferencia del lenguaje ordinario en dos puntos esenciales: permite más libertad e impone restricciones adicionales. Las libertades toman la forma de desviaciones de la gramática del lenguaje ordinario, incluyendo primariamente categorías sintácticas y semánticas; las restricciones son las convenciones» (art. cit., p. 189). «Las gramáticas hechas para el inglés —dice Levin en otro trabajo— no tienen todavía la suficiente flexibilidad para tomar en cuenta ciertas equivalencias que ocurren en poesía.» «Una gramática que generase el verso de Milton *Him who disobeys, me disobeys*, por ejemplo, generaría también *Them who likes, us likes*, y otras frases tan cuestionables como ésta. El verso de Milton se podría generar y las otras frases excluir sólo introduciendo en la gramática reglas discriminatorias muy complejas» (*Linguistic Structures in Poetry*, p. 26). (Son casos de hipérbaton, imposibles, *en teoría*, en inglés.)

Vamos a ver unos ejemplos en los que, sin ninguna duda, el uso de alguna convención no tiene interés para la lingüística:

a) está alegre y gentil, está de gala.

(Darío, «Estival».)

b) blandiera el brazo de Hércules, o el brazo de Sansón.

                                   (Darío, «Caupolicán».)

a) es un endecasílabo, si no cuenta la cesura; pero hay
doce sílabas (7 + 5), si la cesura funciona. Lo mismo
le da a la lingüística. Esto es puramente convencional.
Igual sucede en *b*) 7 + 7 sílabas, si hay cesura; y 15 sílabas, si no.

También convencional, sin interés lingüístico, es este
uso del encabalgamiento:

c)   ... el horror
     de ir a tientas, en interminables espantos,
     hacia lo inevitable desconocido, y la
     pesadilla brutal de este dormir de llantos...

                                   (Darío, «Nocturno, I».)

la, colgado al final del verso, no le importa nada a la
lingüística.

Pasemos ahora a algunos casos, que, a mí por lo menos, me ofrecen cierta duda: ¿tiene o no interés lingüístico, en estos casos, el uso de la convención?:

d) como un rajá soberbio que en su elefante indiano
     por sus dominios pasa del rudo viento al son.

                                   (Darío, «Leconte de Lisle».)

e) y ha sentido en sus plumas la diestra
     de la amable y gentil Pompadour.

                                   (Darío, «Blasón».)

En *d*), Darío ha escogido el convencional metro alejandrino: 7 + 7 sílabas. Para que el segundo hemistiquio
cumpla con su requisito métrico, el poeta ha tenido que
escoger *indiano*, cuando en realidad quería decir «indio».
¿Es esto un problema de *Formación de palabras*, un
capítulo importante de la gramática, que en alemán tiene el impresionante nombre científico de *Wortbilbungs-
lehre*? Se está usando un sufijo en lugar de otro; y sabemos que no es lo mismo «guitarrista» que «guitarrero»,
por ejemplo.

En *e*), con la obligada convención del verso de 10 sílabas, el poeta ha tenido que escoger *diestra*, que no se usaría normalmente para referirse a «la mano» (innecesario «derecha») de Mme. Pompadour. La rima también ha contribuido a la elección de esa pobre metáfora: había que rimar con *muestra*. ¿Se puede decir, lingüísticamente hablando, que en este caso el poeta está usando un vocabulario equivocado o defectuoso? ¿y en *d*), que ha tenido que usar un hipérbaton de dudoso valor estético, contraviniendo innecesariamente el «orden de palabras»? Claro que todos los hispano-hablantes lo entienden, y, en ese caso, la cuestión es irrelevante para la lingüística. Y, además, con mis preguntas, parece que soy yo el que está expulsando a Darío del campo de la gramática. Es cierto; y por eso es necesario que la estilística se ocupe de estas «aberraciones» que *caben* dentro de la gramática de la lengua española.

Lo que no sé si entienden todos los hispano-hablantes es este bello verso de «Sonatina», del mismo Rubén Darío:

f)   El jardín puebla el triunfo de los pavos reales.

Darío hace brillantes juegos con el diptongo, la sinalefa y la diéresis. El sujeto de la frase (según descubro ahora, después de haber leído durante muchos años este poema) es *el triunfo*; pero la cesura y otras convenciones le hacen parecer complemento. No sabemos si el lingüista se contentará con decir que éste es un caso de entonación (fonética general), o si se preocupará por la sintaxis de la frase. La sintaxis de la frase parece correcta: sujeto-verbo-complemento; pero un atento lector nota que no es así, y debe comunicar su impresión al estilista.

Si digo que bajo ciertas circunstancias (por ejemplo, el respeto a las convenciones) algunos hablantes se ven obligados a cometer irregularidades lingüísticas, ¿es eso de interés para el lingüista? ¿No es un caso, como los que preveía Levin, de interferencia de la convención con los materiales que estudia la lingüística? (Dicho sea de paso: de una manera semejante empezó Jakobson a observar ciertas peculiaridades del hablante bajo la influen-

cia de ciertas circunstancias, la afasia y otras irregularidades mentales.)

Otro caso:

> Al caminar se vía
> su cuerpo ondear, con garbo y bizarría.
>
> (Darío, «Estival».)

> La víbora, los juncos por do trepa.
>
> (Ibíd.)

Vía y *do* son arcaísmos que aparecen en el convencional
verso de 7 u 11 sílabas por razones de fuerza mayor: el
metro. El lingüista tiene perfecto derecho a decir: «Bue-
no, ¿y qué?» Es el estilista el que tiene que ocuparse de
la cuestión. Y si por casualidad alguna vez el lingüista
tuviera necesidad de esta referencia, el estilista se la
prestará con mucho gusto. No sería extraño que alguna
vez el lingüista que sigue el método «transformacional»
o el «generativo» tenga dificultad en encontrar el eslabón por el que se pasa de una construcción a otra; podría ser que el estilista proporcionase ese eslabón.

Levin hizo un elogioso esfuerzo por acercarse al lenguaje poético desde el punto de vista del lingüista en su
obra *Linguistic Structures in Poetry*, 1962 (hay traduc-
ción española). Pero sólo encontró entonces un tipo de
estructuras que valiera la pena reseñar: lo que él llama
«couplings». Son estructuras sintagmáticas que dan unidad al poema con equivalencias sintácticas y semánticas.
Entre otros ejemplos, escogió para su análisis este poema de William Carlos William:

> If the Muses
>   choose the young ewe
>   you shall receive
> a stall-fed lamb
>   as your reward,
>   but if
>   they prefer the lamb
>   you

> shall have the ewe for
> second prize.
>
> («Teocritus: Idyl I».)

(Si las Musas
   escogen la ovejita,
    tú tendrás
un cordero criado en el pesebre
   como recompensa;
     pero si
prefieren el cordero,
     tú
   tendrás la oveja como
segundo premio.)

Hay una correspondencia sintáctica en las oraciones condicionales, y correspondencias semánticas en las palabras *young ewe* y *lamb*, *reward* y *second prize*, además de equivalencias en la posición de ciertas palabras en la frase, y otros paralelismos. Todos esos paralelismos y correspondencias se deben a la acción de la estructura llamada «coupling». (Es curioso que Levin no mencione el juego *ewe-you*, en vv. 2 y 3, 8 y 9: las dos palabras suenan igual.)

También estudió Levin «couplings» fonéticos producidos por la rima y la aliteración, que sabemos son convenciones. Pero él percibió que esos «couplings», aunque basados en convenciones, tenían la virtud de dar «unidad» al poema, y esto contribuye a una cualidad importante del lenguaje poético: *el lenguaje poético dura*. «Los mensajes poéticos gozan de una permanencia que no les está concedida a los mensajes del lenguaje ordinario» (p. 60). Aplausos para este lingüista, que, además, ha tenido el acierto de escoger, en el caso de William Carlos William, un ejemplo de una de las formas más viejas de poesía: la poesía paralelística. Es un buen punto de partida.

Pero cuando estamos más entusiasmados con las posibilidades de encontrar algo en el lenguaje poético, que, sin dejar de ser poético, interese al lingüista, siempre tropezamos con el problema, o la duda, de si no caeremos en la práctica de la vieja estilística, o incluso de la crítica literaria impresionista, en vez de hacer verdadera lingüística.

Hay un poema de Antonio Machado que, aunque en alejandrinos, me parece completamente opuesto a los convencionalismos usados por Rubén Darío en los ejemplos que hemos citado antes. ¿Qué puede decir un lingüista de este bello comienzo de

A ORILLAS DEL DUERO

Mediaba el mes de julio. Era un hermoso día.
Yo, solo, por las quiebras del pedregal subía,
buscando los recodos de sombra, lentamente.
A trechos que paraba para enjugar mi frente
5   y dar algún respiro al pecho jadeante;
o bien, ahincando el paso, el cuerpo hacia adelante
y hacia la mano diestra vencido y apoyado
en un bastón, a guisa de pastoril cayado,
trepaba por los cerros que habitan las rapaces
10 aves de altura, hollando las hierbas montaraces
de fuerte olor —romero, tomillo, salvia, espliego—.
Sobre los agrios campos caía un sol de fuego.

En esta secuencia hay que admitir la irrelevancia de la rima y el verso desde el punto de vista lingüístico; sólo tienen un valor estético y fonético. En cambio, el uso de la cesura parece merecer cierta atención. Resulta que Machado no la respeta, porque le interesa más la comunicación «cognitiva» que la musicalidad del alejandrino. ¿No estaremos entonces ante un caso que se puede analizar como prosa «cognitiva»? El lingüista entraría entonces en funciones de una manera normal, sin importarle que se trate de poesía o no. Si en cambio hiciésemos un análisis estilístico a la manera como los ha hecho magistralmente Dámaso Alonso, observaríamos que en v. 1 la pausa es tan grande que ya no se puede hablar de cesura, y que hay realmente dos frases independientes correspondiendo a cada uno de los hemistiquios. Veríamos que la falta de respeto a la cesura deja, como es necesario a la intención del poeta, *solo* muy solo, y el v. 3 muere *len-ta-men-te*. Los encabalgamientos tienen un valor «funcional», expresivo, haciendo que *bastón* se hinque en el v. 8 para que la respiración y la sintaxis descansen, y lo mismo el otro encabalgamiento abrupto, que tras *olor* (v. 11) nos permite respirar y oler y pronunciar las sabrosas palabras *romero, tomillo, salvia, espliego,* sin respeto a la cesura. E incluso podríamos subrayar la habilidad del poeta al terminar el v. 2 con un imperfecto, *subía,* que por ser fin de verso exige una pausa, pero por ser imperfecto indica continuidad de la acción, continuidad que recoge la primera palabra del v. 3, *buscando,* un gerundio que indica progresión.

Podríamos hacer muchas observaciones más, ¿pero cuál sería la que pudiera interesar al lingüista? Lo que caracteriza a este lenguaje como «poético» es el uso de las convenciones, que laten por debajo, y con las que juega el poeta para respetarlas o no, según su conveniencia. Pero esas convenciones no alteran la lengua del poema en algo que valga la pena subrayar para llamar la atención del lingüista.

Qué momento tan apropiado para citar unas conocidas palabras de Antonio Machado:

—Señor Pérez, salga usted a la pizarra y escriba: «Los eventos consuetudinarios que acontecen en la rúa.»
El alumno escribe lo que se le dicta.
—Vaya usted poniendo eso en lenguaje poético.
El alumno, después de meditar, escribe: «Lo que pasa en la calle.»
MAIRENA: —No está mal.

(*Habla Juan de Mairena a sus alumnos.*)

Las bellas frases de «A orillas del Duero» quedarán, y sólo se repetirán «in vivo» cuando algún «connaiseur» ascienda los cerros en torno a Soria. Trataremos de respirar con el ritmo de estos versos. Pero la lingüística no tiene por qué ocuparse de asuntos pulmonares.

Los datos que siguen están basados en observaciones hechas sobre los Textos Seleccionados que damos al final de este estudio.
Hubiera sido tentador fabricar una teoría, o adherirse a una escuela de lingüistas, y ascender de ese modo al

«estilista» a la categoría de «científico». Hemos rechazado esa tentación. No queremos hacer pasar nuestros datos por una máquina.

Nuestro método se parece en cierta manera al de Riffaterre: pretendo subrayar lo que haya de chocante en el contexto poético. Acumulamos datos y los clasificamos; pero, fieles al consejo de Fish antes citado, no intentamos encontrar lo que estábamos esperando encontrar. Si lo encontramos es porque las cosas se disponen así. Es un verdadero hallazgo.

1) El uso del nombre abstracto sorprende en Gabriel Celaya, que ha sido considerado como poeta realista y «prosaico». El poema «Buenos días» comienza de una manera aparentemente vulgar y «prosaica», pero a partir de la estrofa 4.ª se acumulan los nombres abstractos. En esa estrofa, el sujeto anterior (*yo* implícito) cede el paso a un sujeto neutro bastante indeterminado: *lo inmediato*, y después, *el mundo exterior*. En las estrofas 5.ª y 6.ª se acumulan los nombres abstractos, ahora como complementos directos de *saludo*: *la blancura, la desnuda vibración, el gran azul, la vida nueva*; o complementos de *estoy mirando*: *la mañana, la dicha, la increíble evidencia*. Un último complemento abstracto es *esta gloria breve y pura* (v. 40).

Lo digno de observar en esta acumulación de nombres abstractos es su oposición al sujeto *yo*, primero implícito y luego explícito: *yo no soy yo y existo*. Con la negación de *ser* y la afirmación de *existir* se corresponde la afirmación del existir de los sujetos abstractos o de los complementos, primero muy concretos *(gusanito)* y luego abstractos. En el fondo es una oposición entre «ser» y «existir». Todos los abstractos llevan artículo determinado (masculino, femenino o neutro). En este contexto, los nombres abstractos resaltan, mientras en el contexto de Vázquez Montalbán, «Las masas corales», por ejemplo, lleno de nombres concretos, muy concretos, lo que resalta es la ausencia de artículo.

2) En José Hierro, «Réquiem», los nombres sin artículo, aunque sean concretos, tienen un significado simbólico:

con sol y piedra (H 10), opuesto a *sobre una mesa*.

con flores y cirios (H 12), nada abstractos, pero provocados por H 10.

piedra, petróleo, nieve, aroma (H 29).

toros / de España (H 34-35).

garras de águila (H 46).

*entre hogueras, / entre caballos y armas. Héroes /
para siempre* (H 55-57).

Estatuas de rostro / borrado (H 57-58).

*cuando acuchilla / pellejos de vino derrama /
sangre fraterna* (H 66-68).

El mundo es... patria (H 70).

Un caso con artículo neutro, dos veces: *lo doloroso*
(H 30, 47), y *lo lejos* (Glez 9).
También sin artículo: *Máscaras* (Car 13), *ni fuego ni
muerte ni curso de las horas* (Car 16).

3) La distribución de los artículos merece ser obser-
vada. Volvamos a mirar el ejemplo de Hierro:

> Es *una* historia que comienza
> con sol y piedra, y que termina
> sobre *una* mesa, en D'Agostino,
> con flores y cirios eléctricos.
> Es *una* historia que comienza
> en *una* orilla del Atlántico.
> Continúa en *un* camarote
> de tercera, sobre *las* olas
> —sobre *las* nubes— de *las* tierras
> sumergidas ante Platón.
> Halla en América su término
> con *una* grúa y *una* clínica,
> con *una* esquela y *una* misa
> cantada, en *la* iglesia de St. Francis. (H 9-22.)

Los artículos, o su ausencia, están distribuidos con un
ritmo evidente, formando parte del ritmo de las frases:

<pre>
                          una
                          (ausencia)
                          una
                          (ausencia)
                          una —— el
                           un
                           las
                     las —— las
                     una — una
                     una — una
                           la
</pre>

Parece como si se produjeran atracciones: la serie *una*-
(ausencia)-*una* se altera en *una*-(d)*el*, correspondiendo
a la alteración de la sintaxis, y a partir de entonces se
produce cierta simetría, influyendo incluso la posición
del artículo —en principio, mitad o fin de verso:

<pre>
                          un
                          las
                     las —— las
                     una —— una
                          la
</pre>

Algo semejante sucede en la estrofa siguiente del mismo poema:

<pre>
                     cualquier sitio (indef.)
          lo mismo
          el   ——   (ausencia)
          el   ——   (ausencia)
          el   ——   (ausencia)
          lo mismo —— un
                    (ausencia)
          lo doloroso
          acá o allá (indef.)
</pre>

Es tentador seguir observando este fenómeno del ritmo de los artículos. En Ángel González y José Ángel
Valente se percibe un ritmo, pero es difícil fijar un esquema, y mejor es no forzarlo. De todas formas, vamos

a anotarlo: en González vale la pena anotar de antemano
que el número de nombres con artículo determinado, con
artículo indeterminado y con adjetivo posesivo es aproximadamente el mismo. González:

<pre>
              Apenas (indef.)
        (ausencia de art.)
        el
        alguien
             mi ──── su
                     algo
                     la
                     el
                     quién sabe a dónde
        alguien ──── a lo lejos
        Su ──── cierta ──── una
                     un
        su
                     el
                     (d)el
        Una
        su
</pre>

El poema de González termina con una última provocación: infinitivos y pronombres personales: *oírme — quererte.*

En el poema de Valente es también difícil ver un «pattern», pero el ritmo es audible:

<pre>
             El
                     la
        La ───────── sin respuesta
             un
                     la
                     la
        el
        un
                     sus
        sus ───────── sus
                     la
</pre>

```
      tantos días ————— el
             La ————— algo
                      sus
                      el
                      sus
                      aquellos
                      sin respuesta
```

Pero donde la simetría es impresionante es en «Poética», de Blas de Otero:

```
                 la
                 un
                 el
           el ————— la
                 la
                 una
           el ————— un
           la ————— una
```

Esta simetría constituye sin duda un rasgo lingüístico. (El artículo indeterminado, en este poema, va siempre detrás de *como* o de *de* de genitivo; el artículo determinado va o con un sujeto o detrás de *de* de genitivo.)

4)   Habíamos empezado viendo nombres abstractos, o simbolizados por la ausencia de artículo. Para terminar este capítulo, anotemos un par de ejemplos que muestran la supervivencia del *antropomorfismo*:

> ¡Cómo tiemblan las hojas pequeñitas y nuevas,
> las hojitas verdes, las hojitas locas!
> De una en una se cuentan
> su secreto...
> ... Un murmullo
> corre de boca en boca.
>
> (Cel estr. 8.ª)

Todo el poema de Rivera, «Revolución bajo cero», está construido con ese artificio:

a) *viento jacobino*   —— *ruge*
b) *nobles cabecitas*   —— *ruedan*
c) *noche intransitable*   —— *ha cerrado*
d) *viento desgreñado*   —— *barre*
e) *descontrolado amante*   —— *se acuesta*
f) *árboles*   —— *fingen*
g) *inviernos maduros*   —— *desgajándose*

En realidad, *b)* y *e)* son personas, pero *b)* se comporta como una cosa, mientras las cosas se comportan como personas; *e)* es tan vago como una abstracción.

1) La ausencia de adjetivos en «Poética», de Otero, poema tan pensado y calculado, salta a la vista. La magra voz apretada aparece lo más limpia posible: cada sustantivo tiene valor suficiente.

2) Si comparamos «Historia apenas entrevista», de González, con «El adiós», de Valente, nos choca el diferente uso del adjetivo en uno y otro. En González casi todos los adjetivos están antepuestos; en Valente, pospuestos:

GONZÁLEZ	VALENTE
a) *polvoriento / equipaje*	a) espejo *humedecido*
b) *cierta* esperanza	b) café *desvanecido* y *turbio*
c) *terrible* / alegría	c) amor / *pasado*
d) trigo *indiferente*	d) algo *inesperado*
	e) *frágiles*... palabras

En un caso en Valente y en dos en González hay encabalgamiento. Los adjetivos antepuestos reflejan una cualidad «esencial» puesta de relieve, o escogida, por el narrador. Es decir, el narrador toma bastante parte personal en la narración. Claro que b) *cierta esperanza* (González) suena a frase hecha, y el adjetivo pierde potencia expresiva: es casi todo lo contrario de «esperanza cierta». La elección de *terrible* a continuación produce gran efecto (¿excesivo?). ¿O no suena también a frase hecha *terrible alegría*? Lo salva el encabalgamiento, aunque éste hubiera sido más abrupto si hubiera terminado en *terrible,* y aun así, el acento grave de la palabra seguiría transformando el punto que cierra la frase en puntos suspensivos. Es un encabalgamiento abrupto malogrado, porque la frase no termina en una entonación definitivamente descendente, como hubiera sucedido si la palabra escogida hubiera sido «alegrón», por ejemplo.
En los adjetivos de Valente sospechamos un valor figu-

rativo, metonímico; puede ser que el *espejo* no esté *humedecido* en sí mismo: lo que lo humedece son las lágrimas de los ojos que contemplan la escena reflejada en el espejo, y por eso todo es bastante *desvanecido* y *turbio*. A cuatro versos de distancia, todavía ejerce su influencia *humedecido*.

3) La antigua construcción, de efecto retórico, adjetivo-sustantivo-adjetivo todavía aparece con el mismo pronunciado valor retórico, o elegante, especialmente en Biedma, «Himno a la juventud». La construcción se justifica en este caso por tratarse de un «himno»:

> *los más temibles sueños imposibles* (2, 7)
>
> *con sonrosados pechos diminutos* (2, 13)
>
> *un fabuloso espacio ribereño* (2, 23)
>
> *sofisticada / bestezuela infantil* (2, 32-33)
>
> *entre mojadas mechas rubias* (2, 39)

Un ejemplo semejante en Hierro, «Réquiem», que también es un «himno»: *ninguna locura hermosa* (62).

La construcción, en ese poema de Biedma, está apoyada en otras, como las siguientes, en las que hay una anticipación del adjetivo:

> *la directa belleza de la starlet*
> *y la graciosa timidez del príncipe* (2, 33-34)

También en el elegante poema de Carnero, «El Altísimo Juan Sforza»:

> *contenido vendaval de amor* (6)
>
> *en el delgado aroma del marfil* (14)

O el orden, en Biedma, es: sustantivo-adjetivo-otro determinante con *de*:

> *encanto descarado de la vida* (2, 3)
> *diosa esbelta de tobillos gruesos* (2, 15)
> *la expresión melancólica de Antínoos* (2, 40)

Carnero:

> *rescoldo helado de rubíes* (13)
> *finísimo brillo de las carnes* (14)

4) En Biedma, «Del año malo», nos impresiona, entre otras muchas cosas, la distribución de los adjetivos. Están acumulados en la 2.ª estrofa, y todavía sobran algunos para la 3.ª; pero no hay ninguno (sólo dos medios adjetivos) en la 1.ª estrofa. En ésta, casi todo son nombres. Baste señalar la ausencia de adjetivos en la 1.ª estrofa, y la acumulación de nombre-adjetivo en la 2.ª:

> *ojos inmensos*
> *tizones agrandados*
> *cara morena*
> *gorrión mojado*
> *zapatos rojos, elegantes, flamantes*
> *pájaro exótico*

Incluso la frase subordinada *temblando igual que* es medio adjetival («que tiembla»), pero tiene su construcción correspondiente en la 1.ª estrofa: *cayendo con...*
Lo importante es distinguir si hay alguna diferencia en ese torrente de adjetivos. Nos parece que la serie *rojos, elegantes, flamantes* es una serie calificativa (lo mismo que *belleza delicada / precisa e indecisa* y *un pensamiento / conmovedor y obtuso*, Bied 2, 19-20 y 2, 36-37), distinta de la otra serie a la que vamos a llamar «determinativa», en la que el adjetivo va pegado al nombre. Tal vez el hecho de que los tres adjetivos vayan juntos en el primer caso es lo que influye en la diferencia respecto a los otros.
El adjetivo calificativo tiene menos poder restrictivo que el determinativo. El calificativo añade al nombre una

cualidad objetiva, entre muchas posibles, que completa la idea de ese nombre. En cambio, el determinativo no sólo añade, sino que hasta altera la idea del nombre: es una fuente de metáforas (como, por ejemplo, «polvo *enamorado*», donde el adjetivo es totalmente inesperado entre las posibilidades del nombre). El epíteto subraya una cualidad del nombre, una cualidad esencial, y puede parecerse al adjetivo determinativo —y ser fuente de metáforas cuando la cualidad subrayada está muy rebuscada y aparece como inesperada—. Cuando epíteto y nombre, o nombre y adjetivo, forman una frase hecha, o modismo, la cualidad subrayada queda estereotipada, formando con el nombre algo así como una palabra compuesta.

Vamos a ayudarnos en estas distinciones que estamos haciendo con unos ejemplos ilustrativos tomados de Julio Cortázar, gran manipulador del lenguaje, y luego volveremos a los ejemplos de Biedma:

> Era delgada y alta, dos palabras injustas para decir lo que era, y vestía un abrigo de piel casi negro, casi largo, casi hermoso.
>
> («Las babas del diablo».)

> Todo el viento de esa mañana... le había pasado por el pelo rubio que recortaba su cara blanca y sombría —dos palabras injustas...
>
> (Ibíd.)

Cortázar no se queda satisfecho con sus adjetivos calificativos: ¡hay tantas mujeres *delgadas* y *altas,* y tantas caras *blancas* y *sombrías*! Después, no se quiere comprometer en una inexactitud y dice: «*casi* negro, *casi* largo, *casi* hermoso». Falta algo para ser del todo negro, largo y hermoso, y con la restricción del *casi* se logra mejor la «determinación». Cortázar, en esos párrafos, no quiere describir; quiere entender. La cita de la cara blanca y sombría continúa así:

> y dejaba al mundo de pie y horriblemente solo delante de sus ojos negros, sus ojos que caían sobre las cosas

como dos águilas, dos saltos al vacío, dos ráfagas de fango verde. No describo nada, trato más bien de entender. Y he dicho dos ráfagas de fango verde.

Al serle imposible la descripción, recurre a la sustitución, a la metáfora. (Jean Cohen resume así la función de la poesía: «Forcer l'âme à *sentir* ce qu'elle se contente d'ordinaire de penser», *Structure du langage poétique*, p. 223.)

Otro ejemplo de Cortázar, ahora un epíteto:

Después seguí por el Ouai de Bourbon hasta llegar a la punta de la isla, donde la íntima placita (íntima por pequeña y no por recatada...

(«Las babas del diablo».)

Aunque el adjetivo *íntima* es exacto, necesita «determinar» más el significado del epíteto.

Y volvamos a Biedma. Hemos creído percibir una diferencia entre la serie *rojos, elegantes, flamantes* (la cosa hubiera cambiado si hubiera puesto *casi* delante de esos adjetivos calificativos) y los otros adjetivos citados, a los que hemos decidido llamar «determinativos».

Por lo pronto, *tizones agrandados* es una metáfora de *ojos inmensos*, en la que el adjetivo tiene una función metonímica. Y *cara morena* y *ojos inmensos* funcionan como frases hechas (véase S. Gili Gaya, *Curso Superior de Sintaxis Española*, 1961, párr. 166). Casi lo mismo *gorrión mojado*, basado en «mojado como un pollo», frase hecha, popular. No son cualidades escogidas entre las innúmeras que se podrían escoger. Hay menos «ojos inmensos» que «ojos grandes», y el aumentativo «ojazos» cuadraría mejor a los primeros. (En «ojazos» la cualidad ya ha pasado a ser parte integrante del nombre, y el sufijo no es nada peyorativo, sino todo lo contrario.) En cambio, las cualidades *rojos, elegantes, flamantes* no tienen que ver nada entre sí y son pura acumulación de cualidades bastante frecuentes. (Es injusto no conceder a *flamantes* una atención especial, pues está muy motivado por *rojos* y *elegantes*: tiene la «flama» del primero y el sufijo del segundo.) Los adjetivos que podrían sus-

tituir, o añadirse, a *inmensos, morena, mojado* formarían
una serie muy limitada: se podría tal vez añadir otros,
pero no sustituirlos por otros. Expresiones de naturaleza
semejante a *cara morena* serían «cara de plata» (pero no
«plateada»), «cara de ángel» (pero no «angélica»), y sólo
en casos muy particulares, «cara ancha» —*Carancha*—;
«cara roja» —*Barbarroja*—. Es decir, se trata de cualidades definitivamente características, determinantes —de
ahí que puedan pasar a ser apodos.

En *resto amarillento* (v. 16), el adjetivo es calificativo,
no determinativo, porque puede haber restos con muchos
matices de color u otras cualidades superficiales; en
cambio, en «dos restos», o «el último resto», hay adjetivo
determinativo, como lo llama con razón la gramática tradicional. Vale tanto una limitación numérica como una
limitación cualitativa, y por eso nos hemos atrevido a
apropiarnos el término «determinativo» al hacer nuestra
distinción entre los adjetivos de Biedma, en su poema
«Del año malo».

5) Hablando de la función restrictiva del adjetivo determinativo, nos salta a la vista también el uso del
demostrativo, en Biedma y en otros. El ejemplo de Biedma es:

  a)   «Diciembre es *esta* imagen...» (1, 1)

¿Por qué *esta* y no *la*? Veamos los otros ejemplos en
nuestros textos seleccionados:

  b)   cuando miro *esta* gloria breve y pura (Cel 40).
  c)   ¿Qué sitio *éste* sin tregua? (Rodr 10).
  d)   ¡Ya ni *esta* tarde más! (Rodr 27).
  e)   sino en *esta* penumbra (Car 12).
  f)   *este* salón (Car 17).
  g)   para *esas* cosas de la vida el dinero no me alcanza
                                                    (Pope 14).

Este uso literario, poético, es de larga tradición. Citare-
mos sólo dos ejemplos de poetas no lejanos en el tiempo:

h) Por *este* clima lúcido,
     Furor estival muerto,
     Mi vano afán persigue
     Un algo entre los bosques.

(Cernuda, «El viento de septiembre entre los chopos»,
                              Invocaciones, 1934-1935.)

i) Es una tarde cenicienta y mustia,
     destartalada, como el alma mía;
     y es *esta* vieja angustia
     que habita mi usual hipocondría.

(A. Machado, *Galerías*, LXXVII, 1899-1907.)

No es el demostrativo deíctico, sino un uso que expresa
un deseo de énfasis, o un «elemento expresivo», como
dice S. Fernández Ramírez, *Gramática española*, p. 247.
No se hace referencia a una mayor o menor proximidad
en el espacio (como en «esta pluma y ese lápiz»). Hay
algo personal, subjetivo, del sujeto que profiere las palabras; algo suyo. No sería apropiado decir: «*Esta* vieja
angustia que habita *su* usual hipocondría»; en este caso
sería más conveniente decir «esa» en vez de «esta», para
marcar la distancia entre el hablante y la tercera persona. La «imagen» de la que se habla en *a*), que luego va
a elaborar el poeta, es *la suya*, y sólo él puede decir
«esta». Podrían ofrecer alguna duda los casos *b*), *e*) y *f*).
En *b*) el verso completo es: «cuando miro esta gloria breve y pura, presente»; aparece la palabra *presente*, pero
no por eso se está señalando con el dedo *esta gloria*.
En *e*) y en *f*) se está hablando de un interior, pero en
realidad lo que el demostrativo quiere enfatizar es *esta*
y *este* y no cualquier *otra* u *otro*. El énfasis es muy fuerte en *c*) y *d*).

6) Un último caso particular de uso chocante (y ahora
desenfatizado) del adjetivo es el siguiente:

               Cómo decir españa, patria,
               libre (Ot 2, 2-3).

El adjetivo está desprovisto de su función adjetival (me refiero a *libre*, claro está), y usado sólo como vocablo. Entonces, cualquier vocablo puede ser complemento directo del verbo *decir*: *españa, patria, libre...*

7) Después, en este mismo poema de Otero, se construye el sintagma «España libre», pero el sintagma provoca «Violentas carcajadas». ¿Por qué? Porque el adjetivo y el sustantivo no se corresponden; es como decir «triángulo cuadrado» o algo por el estilo.

Quisiéramos explicar *la función metonímica* del adjetivo, a la que ya hemos aludido en páginas anteriores. Cuando la unión de un determinante y un determinado produce un efecto chocante, no sintácticamente, sino semánticamente hablando, estamos ante una «figura» en la que funciona la metonimia:

a) sintiéndome vivaz en cada fibra,
en la *célula explosiva* (Cel 16).

b) Saludo al gran azul como una *explosión quieta*
(Cel 29).

Los adjetivos son todavía más improbables que los que hemos visto en la función «determinativa». En función metonímica, el adjetivo va más allá de su capacidad calificativa o determinativa: amplía la capacidad significativa del nombre al darle una cualidad que sólo la imaginación puede proporcionar. Por eso se trata de una *figura poética*, pero dentro del lenguaje de contigüidad, no de sustitución. En *b)*, después de *como* se introduce un símil, pero ese símil se desarrolla como una metonimia. Es un procedimiento muy frecuente en poesía. El problema consiste en decidir cuándo se trata de un adjetivo metonímico o determinativo. En rigor, todo adjetivo es metonímico al formar parte de una expresión en la que hay contigüidad sintáctica. Pero vamos a referirnos ahora sólo a la función que ejerce el adjetivo en la «figura» poética.

Tizones agrandados (Bied 1, 9) es una metáfora, en vez

de «ojos (negros) inmensos». El sintagma está en serie con *ojos inmensos, cara morena, chica temblando* y *gorrión mojado*, y hemos decidido que los adjetivos de esa serie son «determinativos». ¿También *agrandados*? Creemos que sí, porque la referencia al tamaño que hay en el inmediato anterior, *inmensos*, hace que *agrandados* no sea violento dentro de su sintagma.

Un ejemplo semejante sería: «nalgas maliciosas» (Bied 2, 14). La posibilidad de «malicia» en «nalgas» hace determinativo al adjetivo *maliciosas*, no de «figura» metonímica, aunque la proximidad con la «figura» se muestra a continuación: «lo mismo que sonrisas» (un símil). La proximidad con la «figura» se aumenta por el carácter antropomórfico de «maliciosas». Que el adjetivo sea determinativo o metonímico depende de si la cualidad cabe normalmente en el sustantivo o está puesta por el sujeto hablante.

Otro caso en el que los determinativos piden una extensión figurada es: «...sangre antigua oculta como ríos...» (Mont 32).

8) Recordemos un ejemplo de la «función poética» mencionado por Jakobson y anotado por nosotros en la INTRODUCCIÓN: «L'affreux Alfred.» «¿Por qué *affreux*?» «Le detesto.» ¿Y por qué no *terrible, horrible, insupportable, degoûtant*?» «Je ne sais pas pourquoi, mais *affreux* lui va mieux.» Sin saberlo, la chica que habla ha aplicado el procedimiento de la *paronomasia*, dice Jakobson. Y es verdad, porque *affreux* y *Alfred* se parecen fonéticamente. Pero tendríamos que añadir que además de *paronomasia* hay *antonomasia*, porque no sólo le va bien *affreux* a *Alfred* fonéticamente, sino significativamente: lo *determina* mejor. *Alfred* es *affreux* por antonomasia.

Establecemos, pues, tres grados de adjetivación: 1. Calificativo; 2. Determinativo: 3. Metonímico —según se intensifica lo inesperado, lo chocante, en el sintagma nombre + adjetivo—. Es cierto que los límites no son muy claros, y «el lector» tiene que decidir por sí mismo.

9) Vale la pena hacer la prueba de nuestra gradación de los adjetivos observándolos en dos viejos maestros:

DOMINGO DEL ALMA

Sol, ¡qué bien has salido
por mi alma, hoy nuevamente nueva!

Mi salud está verde, viña en flor:
ruiseñora, recrea la olvidada huerta.
5   Saetas del azul traslúcido
se entran
por mis ojos radiantes —por las hojas
del naranjo cargado =cromo y esmeralda=,
hasta el regato de agua mañanera—,
10   hasta el fondo
de mi alma, alberca plácida y desierta...
¡Qué bien sin nadie —¡oh naranjal!— en mi alma,
como en la casa de Cobano, solo
—¡pajarillo contento!—
15   en un día de fiesta!

(J. R. Jiménez, *Bonanza*.)

Por si *nueva* (v. 3) pudiera caer en la categoría de los calificativos, el poeta le añade un adverbio (como *casi* en Cortázar), para hacerlo determinativo.

Verde (v. 3) ya sería, unido a *salud*, una cualidad no del objeto, sino puesta por el poeta, en grado de «figura» metonímica. Para aumentar la subjetividad, *verde* depende de *está*, verbo que expresa la «impresión» del hablante.

Olvidada (v. 6), antepuesto, es una cualidad que el sujeto hablante busca, no que se encuentra normalmente en el objeto: tiene valor determinativo, más aún, de «figura» metonímica.

Traslúcido (v. 6), tras *azul*, que es una metáfora (por «cielo»), funciona como determinativo (en la frase metafórica).

Ojos radiantes (v. 7) es como «ojos inmensos» de Biedma, que hemos catalogado como un caso de determinativo.

Cargado (v. 8) es también determinativo; más aún: una metáfora (después se dice con qué está cargado el naranjo), que funciona en el lenguaje de contigüidad metonímico. La metáfora *cromo y esmeralda* no se puede referir a *naranjo*, sino, gramaticalmente hablando, a su «carga». Por eso, *cargado* es más que una metonimia: es el germen de una metáfora.

Mañanera (v. 9), «figura» metonímica. Lo mismo *plácida y desierta* (v. 11). *Contento* (v. 14) es sólo determinativo; es más que calificativo porque añade el dato antropomórfico.

Vale la pena subrayar en este poema la sustitución de *ojos* por *hojas* (metáfora); a los primeros se les ha dado una cualidad arbitraria (subjetiva) en la que se va a apoyar la metáfora. Es un procedimiento que se repite inmediatamente: la función de *radiantes* es la misma que la de *cargado*. (Todo el poema está jugando con la metáfora que se expresará al final: «mi alma, alberca plácida y desierta».)

LXXI

Tocados de otros días,
mustios encajes y marchitas sedas;
salterios arrumbados,
rincones de las salas polvorientas;

5   daguerreotipos turbios,
cartas que amarillean;
libracos no leídos
que guardan grises florecillas secas:

romanticismos muertos,
10   cursilerías viejas,
cosas de ayer que sois el alma, y cantos
y cuentos de la abuela...

(A. Machado, *Galerías*.)

No hay verso que no tenga adjetivo o frase adjetiva:

1. *de otros* días	Determinativo.
2. *mustios* encajes y *marchitas* sedas	Epítetos, determinativos.
3. salterios *arrumbados*	Los dos son cualidades
4. salas *polvorientas*	objetivas. Son los más pró-

ximos a calificativos, aunque el primero es más determinativo.

5. daguerreotipos *turbios*
6. cartas *que amarillean*   Calificativos.
7. libracos *no leídos*   Calificativo.
8. *grises* florecillas *secas*   Epíteto determinativo y adjetivo calificativo.

9. romanticismos *muertos*   Calificativos todos, a pesar de que los dos primeros, sobre todo el primero, son antropomórficos. (Los

10. cursilerías *viejas*   nombres son abstractos y

11. cosas *de ayer*   admiten cualidades de amplio radio.)

Pero todos los adjetivos tienen una cosa en común: su significado, y lo mismo da que vayan antepuestos o pospuestos. Son una cualidad repetida, única, de diversos objetos (sujetos de la frase), que son vocativos (2.ª persona) y que seguidos por el verbo *sois* forman una metáfora: (vosotros) *sois el alma*. Una metáfora dentro de un encadenamiento metonímico, pero ese encadenamiento termina inesperadamente con el predicado de *alma*: una equivalencia, una sustitución.

LXXIII

Ante el pálido lienzo de la tarde,
la iglesia, con sus torres afiladas
y el ancho campanario, en cuyos huecos
voltean suavemente las campanas,
alta y sombría, surge.

La estrella es una lágrima
en el celeste.
Bajo la estrella clara,
flota, vellón disperso,
una nube quimérica de plata.

(A. Machado, *Galerías*.)

Lienzo es una metáfora, y sus cualidades ya están marcadas, de nacimiento, por la subjetividad. *De la tarde* es lo que vuelve el plano irreal al real. *Afiladas* y *ancho* son determinativos. Lo mismo *alta* y *sombría*. Lo mismo todos los demás adjetivos. En *el azul celeste, azul* es una metáfora por «cielo», y *celeste* es una redundancia, que forma con su sustantivo una frase hecha. *Nube quimérica de plata* es un caso extremo de determinación: dentro de la metonimia, *de plata* proporciona una metáfora. La clave metafórica que se señaló en el primer verso reina en todo el poema.

LXXVI

¡Oh, tarde luminosa!
El aire está encantado.
La blanca cigüeña
dormita volando,
5   y las golondrinas se cruzan, tendidas
las alas agudas al viento dorado,
y en la tarde risueña se alejan
volando, soñando...

Y hay una que torna como la saeta,
10   las alas agudas tendidas al aire sombrío,
buscando su negro rincón del tejado.
La blanca cigüeña,
como un garabato,
tranquila y disforme, ¡tan disparatada!,
15   sobre el campanario.

(A. Machado, *Galerías*.)

Todos los adjetivos pospuestos son determinativos, y llegan a metonímicos cuando tienen carácter antropomórfico, como *risueña* (v. 7) y *sombrío* (v. 10), motivado además este último por su opuesto *dorado* (v. 6) y *negro* (v. 11); o *sombrío* motiva a *negro*. Aunque *negro* debe también motivación al otro adjetivo antepuesto: *blanca*.

Tranquila y disforme (v. 14) es, como en el poema anterior, igual que *alta y sombría*: separados de su sustantivo. Tienen la construcción de la aposición.

Tan disparatada es también determinativo: no pasa de

eso, porque la cualidad es propia del pájaro a que se refiere. No es un salto de la imaginación.

Hay otra manera de interpretar la «determinación», o «restricción», del significado del nombre:

«Mi sombrero, el que es grande, me gusta» → «Me gusta mi sombrero grande». Una frase relativa restrictiva ha dado lugar (se ha transformado) a una frase con adjetivo pospuesto.

En cambio: «Me gusta mi sombrero, que es grande» → «Me gusta mi gran sombrero». Una frase relativa no restrictiva ha dado paso a una frase con adjetivo antepuesto. Este segundo ejemplo no es predicativo, como lo es el primero, sino reiterativo. La cualidad «grande» va implícita en *ese* sombrero mío. «Roja manzana» quiere decir, como «gran sombrero», que nos interesa una sola manzana, la que es roja. Pero «Manzana roja» quiere decir que hay varias manzanas y que me refiero a la que es roja. (Restrictivo.) O sea:

Relativa restrictiva — adjetivo pospuesto (predicativo).
Relativa no restrictiva — adjetivo antepuesto (reiterativo).

Cumple con esta regla el ejemplo siguiente: «Marcia, que es bonita, es popular» puede pasar a «La bella Marcia es popular». Pero surge un problema: con la frase relativa añadimos nueva información, y la frase sería entonces predicativa. En cambio, «La bella Marcia» es reiterativo, como corresponde a las frases con adjetivo antepuesto. Estamos hablando de una Marcia única, en la que damos por sobreentendido que es bella, y aquí no hay nueva información. (Véase Wallace L. Chafe, *Meaning and the Structure of Language*, Chicago, 1970, p. 292, ahora traducido al castellano en la colección Ensayos/Planeta, Barcelona, 1976.)

En estos ejemplos la determinación o restricción está basada en el número de objetos o personas en que piensa el hablante.

En mi teoría (¡y no hemos tenido más remedio que hacer una teoría!), lo que interesa es el ajuste de una cualidad (adjetivo) con su objeto (nombre): si es propia (calificativo); si es propia pero sólo en ciertos («determinados») casos; o si es impropia, es decir, puramente figurada.

rojos

«Me gustan los zapatos que son rojos» (restrictiva).
(Pero hay muchos zapatos rojos.)

lunáticos

«Me gustan los zapatos que son lunáticos» (restrictiva).
(Pero no hay zapatos lunáticos. Sólo *estos* que yo *imagino*.)

Doble restricción en este último caso: en cuanto al adjetivo predicativo y en cuanto al nombre, del que sólo puede exitir un par. Es una «aberración» semántica. Hay como un deseo, por parte del extraño hablante, de hacer de esas frases «aberradas» una «frase hecha» o «modismo»: tal sustantivo + tal adjetivo (copyright). Reservados todos los derechos de uso de tal frase —restricción absoluta—. Cuando oigamos «explosión quieta», tenemos que pensar: *Celaya.* Luego se olvidará *Celaya* y quedará «explosión quieta», intocable, si es que queda.

¿Es posible que una muchacha sea bella? Sí. ¿Es posible que una explosión sea quieta? No. En esas posibilidades, y en el juego con ellas, es donde tiene su base mi clasificación de los adjetivos.

Hagamos una lista de los adjetivos observados en este capítulo (más algunos más, de Lorca, «Romance sonámbulo», y de Severo Sarduy, *Cobra*, pp. 109, 121, 136 y 150), clasificados bajo los tres epígrafes a los que ha llegado nuestra teoría. Que sólo sean tres los epígrafes es lo que hace que «el lector» se vea obligado a decidir en muy estrechas circunstancias.

Calificativos	*Determinativos*	*Metonímicos*
zapatos rojos, elegantes, flamantes	ojos inmensos tizones agrandados	explosión quieta salud verde

Calificativos	*Determinativos*	*Metonímicos*
	cara morena	olvidada huerta
	gorrión mojado	agua mañanera
	pájaro exótico	alberca plácida y desierta
	casi negro, casi largo	
	nalgas maliciosas	
	nuevamente nueva	
	azul traslúcido	
	ojos radiantes	
	pajarillo contento	
salterios arrumba- dos	de otros días	
salas polvorientas	mustios encajes	
daguerreotipos turbios	marchitas sedas	
cartas que amari- llean	grises florecillas	
libracos no leídos	torres afiladas	
florecillas secas	ancho campanario	
romanticismos muertos		nube quimérica
cursilerías viejas		tarde risueña
		aire sombrío
cosas de ayer		verde viento
verdes ramas	(iglesia) alta y sombría	verde carne
		verde pelo
	(cigüeña) tranqui- la, disforme, tan disparatada	ojos de fría plata
		luna gitana
		estrellas de escar- cha
		pez de sombra
	el camino del alba	la lija de sus ramas
gato garduño		pitas agrias
		mar amarga

Calificativos	Determinativos	Metonímicos
sábanas de holanda		
	rosas morenas	
pechera blanca		
altas barandas		
verdes barandas		
rastro de sangre		Barandales de la luna
rastro de lágrimas		
farolillos de hojalata		panderos de cristal
raro gusto / de hiel, de menta y de albahaca		largo viento
cara fresca		
negro pelo		niña amarga
verde baranda		rostro del aljibe
		carámbano de luna
		la noche se puso íntima
como una pequeña plaza		
Guardias civiles borrachos		
	fajas ambarinas	chorreadas fajas
estratos crepusculares	salpicaduras de ópalo	
teñidos de púrpura	cintas de hidromiel	
	borrones de naranja	
grumos de granate		sangre verde (= veneno)
verde acrílico		
luz naranja		
lagartos blancos [1]		

1. (No sé si los hay; es posible. La clasificación no depende del número de lagartos blancos que haya. Con uno basta para que el adjetivo sea calificativo.)

Todas estas observaciones sobre los adjetivos han empezado por haber creído encontrar una diferencia entre la serie *ojos inmensos, tizones agrandados, cara morena, gorrión mojado,* y la serie *zapatos rojos, elegantes, flamantes,* en el poema de Gil de Biedma «Del año malo». He usado en alguna ocasión términos poco estimados por los lingüistas, como «subjetivo» y «objetivo». Pero es que una cosa que también nos ha chocado en este poema es el paso de la subjetividad a la objetividad. El poema empieza con una «imagen» personal y subjetiva: «Diciembre es esta imagen.» Y al final, en la 3.ª estrofa, se pasa a la pintura de un «cuadro» completamente objetivo: «El cielo es negro y gris / y rosa en sus extremos.» (Los colores del cielo al iniciarse el alba.) Hay en todo el poema un flujo de lo subjetivo hacia lo objetivo y viceversa. Esto hubiera podido influir en la cualidad de los adjetivos escogidos: una primera serie subjetiva, y una segunda objetiva.

1) *a)* nalgas maliciosas *lo mismo que* sonrisas (Bied 2, 14).
   b) sangre antigua oculta *como* ríos (Mont 32).
   c) Alfred? — Affreux.

Los dos primeros son ejemplos de sustitución mezclada con contigüidad. De *c)* hablaremos después.

¿Cuál es la diferencia entre:

d) «L'affreux Alfred»
e) «Alfred, l'affreux» y
f) «L'Affreux»?

f) «L'Affreux» es una sustitución completa, y el artículo hace del adjetivo un nombre. Podría incluso olvidarse quién es «L'Affreux», y quedaría flotando la metáfora a la espectativa, como un personaje en busca de su autor. En ese caso, el artículo guardaría parte de su calidad de pronombre, y «L'» sería *ése*, que es «affreux».

En el caso *d)* «L'affreux Alfred», tenemos un epíteto, y, como hemos dicho en páginas anteriores, es un «determinativo», pero no puede entrar en la categoría de metonimia como «figura», porque el adjetivo epíteto, aunque muy particular, no es improbable en este caso, no produce el choque inesperado de «triángulo cuadrado» o «explosión quieta».

En *e)* todavía tenemos el término de la comparación, de la sustitución: «Alfred = l'affreux». Gramaticalmente hablando, tenemos aquí una aposición. Más tarde lo defenderemos como metáfora.

c) «Alfred?» — «Affreux» es aparentemente un caso de sustitución (metáfora), pero en el fondo es *una* cualidad de un ser que se toma como característica de toda la persona: es una expresión metonímica, no sólo por referir la parte al todo (sinécdoque), sino por ser la respuesta a una pregunta. (Como *cabaña — techo de paja*.) Una sustitución de un todo por otro todo sería: «Alfred» — «L'Affreux», y estaríamos en el caso *e)*.

a) y *b*), a pesar de la conjunción, que indica que la frase sigue fluyendo, son casos de lenguaje metafórico, en su denominación de «símiles». Hay una sustitución, o transferencia, de un plano real a un plano figurado.

En *a*), la lógica sería enormemente complicada si la frase fuera: «nalgas maliciosas lo mismo que *caricias*», porque no podríamos decir si el plano figurado funcionaba en la dirección del objeto al sujeto hablante (que unas nalgas invitan a la caricia), o del sujeto hablante al objeto (se malpiensa en caricias al pensar en nalgas); pero tal como tenemos la frase, con «sonrisas», parece que es afortunadamente el objeto, «nalgas», el que proyecta una cualidad suya peculiar: «sonrisas»; es decir: «nalgas maliciosas... sonrientes». Es corta la distancia entre el término figurado y el real, como en el caso del adjetivo «determinativo». *Maliciosas* es, como hemos dicho páginas atrás, un determinativo.

2) Jorge Guillén ha escrito un poemita muy ilustrativo sobre el «símil», poema metalingüístico que hay que agradecer:

> «Amapolas como...» No.
> Jamás ni «sangre» ni «fuego».
> Rojos pétalos silvestres,
> Indecibles. ¿No son únicos?
> El nombre a la flor señala.
> Esas amapolas, ésas:
> Amapolas, amapolas.
>
> (*Y otros poemas*, p. 199.)

Amapolas es la palabra en lugar de la cosa, ya una metáfora. Y tiene un valor deíctico: *El nombre a la flor señala*. «¿Qué flores le gustan a usted?» «Ésas.» «¡Ah, las amapolas!» Y ése es el sentido propio de la palabra. ¿Para qué buscarle un sentido figurado (como sangre o como fuego), si ya la palabra es una metáfora? A Guillén nunca le ha gustado construir metáforas sobre metáforas, porque de esa manera se olvida el nombre original y la primera materia que le sirve de base. Habría que saber qué nombres *necesitan* el complemento que es la metáfora. «Amapolas como fuego o como sangre», añadiría muy poco a «amapolas», «fuego» y «sangre». Guillén prefiere una definición: «Rojos pétalos silvestres, / Indecibles» — «indecibles» excepto por el nombre «amapolas»—. «Amapolas» queda así clasificado como término de referencia, para un plano figurado, en caso de que se necesite. Se necesita en la metáfora árabe que traduce así Emilio García Gómez:

> Mira el campo sembrado, donde las mieses parecen, al inclinarse ante el viento, / escuadrones de caballería que huyen derrotados sangrando por las heridas de las amapolas.

3) Sigamos observando el uso de *cómo* en la formación de una imagen o «figura»:

a) sangre antigua oculta como ríos / subterráneos (Mont 32-33).
b) zapatos rojos / elegantes, flamantes como un pájaro exótico (Bied 1, 13).
c) sin deseo enconado como un remordimiento (Bied 2, 30).
d) el viento desgreñado / como una escoba vieja (Riv 8-9).
e) innoble como un trapo (Bied 1, 18).
f) Cuando canta un poeta como cantan las hojas (Cel 49).
g) temblando igual que un gorrión mojado (Bied 1, 11).
h) nalgas maliciosas lo mismo que sonrisas (Bied 2, 14).

Como, igual que o *lo mismo que* van seguidos o de un nombre sin artículo, o de un nombre con artículo indeterminado. Se compara o un nombre con un nombre (pero los nombres van seguidos de adjetivos), o un adjetivo atribuido a una persona (*innoble*) con un nombre, o un gerundio (con valor adjetival además de verbal: *temblando* = «que tiembla») con un nombre. En *f)* la comparación es entre un verbo + su sujeto y otro verbo (que es el mismo que el anterior, pero en plural) + su sujeto.

Es de notar que el número de sílabas es aproximadamente el mismo en los dos términos comparados, poniéndose la conjunción en la balanza del lado que conviene a esa simetría, con lo cual parece que se quiere dar a esa «imagen» una cualidad sensorial, auditiva en este caso. (Ya hemos citado la frase de Jean Cohen: «Forcer l'âme à *sentir* ce qu'elle se contente d'ordinaire de *penser*.» En un estudio posterior, Cohen sigue insistiendo en esa idea: el sentido figurado es concreto, y el sentido propio es abstracto. Por ser concreto, el sentido figurado hace «imagen», es para *ver*, mientras que el sentido propio es para *pensar* —*Communications*, 16, 1970, p. 24—. Si es posible juntar esto con el poemita de Guillén antes citado, «Amapolas», sacaríamos la conclusión, admisible para Guillén, de que el nombre es una abstracción [para pensar] que señala a la cosa [para ver].)

4) El caso más interesante en el uso de *cómo* es el de Blas de Otero, en «Poética»:

> 1.º Apreté la voz
>   como un cincho...
>
> 2.º Apreté la voz.
>   Como una mano...

El caso es interesante porque 1.º construye la imagen con contigüidad sintáctica, y 2.º rompe la contigüidad poniendo un punto después de *voz*. Otero no sabía nada de contigüidad y sustitución cuando escribió ese poema, pero nos ofrece un ejemplo muy valioso. Todo el poemita gira alrededor del «símil». En «Apreté la voz / como un cincho», el símil no es de *voz*, sino de *Apreté*. La frase completa debería ser: «Apreté la voz como se aprieta un cincho», pero el poeta quiere ahorrar palabras. La acción de *apretar* mencionada, además de su complemento directo (*la voz*) tiene un complemento circunstancial de lugar (*alrededor del verso*). *Cincho*, que funciona con *como* como un complemento circunstancial de modo, muere en sí mismo, pero aún queda un poco de «cincho» en el complemento circunstancial *alrededor*. Falta el complemento de *alrededor* en lo que tiene que ver con *cincho* (sería «la tripa»), pero existe en cuanto a *voz*: es *del verso*. No es que se compare el verso con la tripa; o mejor dicho, la comparación está sobreentendida, para mantener el sentido físico de «apretar», verbo que ha pasado, por la elisión de «como (se aprieta) un cincho», a tener un sentido figurado ya en su primera mención, en la primera palabra del poema. Generalmente, o en sentido directo, se aprieta con la mano, y no se aprieta la *voz*, que tiene ya sentido figurado, sino los mangos y las empuñaduras. O sea: la elisión ha sido generadora de «figura».

En el caso 2.º, cuando se corta la comparación poniendo un punto antes de *Como*, el segundo término de la comparación cobra un énfasis propio, independiente. Sigue elidido «como se aprieta», pero ahora *voz* y *mano* tienen más en común que antes *voz* y *cincho*, porque antes, sin punto, se notaba más la ausencia del elidido «como se aprieta» (que estaba más en la mente); y ahora *mano*, el complemento del elidido (y más que elidido, olvidado) «como se aprieta», está más unida —más fortalecida su unión— con sus complementos *mango de un cuchillo* y *empuñadura de una hoz*. Antes *voz* tenía complemento y compartía un poquito de él con *cincho* (el segundo término). Ahora *voz* no tiene complemento, y el segundo término —*mano*— sí lo tiene. *Voz* y *mano* son dos términos con igualdad de categoría; antes el segundo término sólo era un complemento del primero. Ahora es como si dijera: «Apreté la voz — apreté una mano», en vez de «Apreté la voz como si fuera un cincho». Ya hemos dicho que *voz*, unido a su verbo *Apreté*, tenía un sentido figurado, y *cincho* proporcionaba la base real. Esta base real cobra mayor importancia en la última estrofa. Se ha terminado la sustitución de la realidad, de la transferencia: eso es una metáfora. Pero no sólo por la transferencia, sino porque, además, tenemos un caso de lenguaje de sustitución, mientras en la primera estrofa se trataba de lenguaje de contigüidad.

Alrededor, palabra que tiene que repetir el poeta, funciona en el primer caso al servicio de *voz*, y *cincho* (implícitamente); en el segundo caso, sólo al servicio de *mano*, y casi sobra; si no sobra es porque mantiene la construcción repetitiva o paralelística (es un «coupling», como lo llamaría Samuel R. Levin); pero ha perdido en el segundo caso la función importante que el poeta quería darle en el primero, con su posición encabalgada.

Resumiendo el uso de la conjunción en la construcción de «símiles», podemos decir que las construcciones con *como, igual que, lo mismo que* son formas del lenguaje de contigüidad, excepto en la última estrofa del poema de Otero, «Poética».

5) Esa función transferencial, que da razón de ser a la metáfora, está elaborada con otros procedimientos lingüísticos en el poema de Guillermo Carnero que hemos seleccionado:

> ... Culebrinas, arietes,
> pavos reales, fuegos de artificio,
> acarician los muros... (3-5).

La frase es sencilla: sujeto-verbo-complemento; pero se complica porque el sujeto es un sujeto múltiple, divisible en dos categorías: *culebrinas, arietes* (máquinas de guerra) y *pavos reales, fuegos de artificio* (metáforas de color). ¿Qué muros *acarician* esos sujetos? ¿Las paredes de la sala, o los muros exteriores del edificio? Es sencilla la respuesta: las máquinas de guerra no acarician, sino que hieren los muros exteriores; y los sujetos metafóricos (*pavos reales, fuegos de artificio*) sí acarician los muros interiores. Lo que fuera es llameantes escupitajos y estruendo de balas, es dentro bonitos colores que ayudan a la decoración de la sala. Gracias a los sujetos metafóricos, el verbo *acarician* cobra sentido para lo de dentro pero no para lo de fuera. Los sujetos metafóricos han servido, en este caso, para trasponer un ambiente en otro; no tanto para sustituir un plano real por otro irreal (tan reales son culebrinas y arietes como pavos reales y fuegos de artificio), sino para hacer una transferencia de sensaciones acústicas a sensaciones visuales. El sujeto múltiple es bifronte y relaciona lo exterior con lo interior, gracias a la parte de ese sujeto marcada con la metáfora. La idea de «metáfora» como «transferencia» es sin duda fructífera.

6) Hay otros nexos, que no son conjunciones, sino preposiciones, que tienen una función semejante a la de la conjunción antes estudiada: la función de ligar una metáfora:

> *a)* ... imagen
> de la lluvia cayendo con rumor de tren,
> con un olor difuso a carbonilla y campo (Bied 1, 1-3).

La imagen transmite una sensación auditiva y otra olfativa, en cuyas expresiones está implicada la preposición *con*. En *con un rumor de tren*, la preposición *con* no tiene el habitual sentido de compañía (*Gram. Acad.*, párrafo 265), pero *Gram. Acad.* observa que esta preposición «nunca deja de expresar unión, semejanza, cooperación, afinidad entre diferentes personas, objetos o acciones». Nos interesa subrayar eso de *semejanza* o *afinidad*, pues, en efecto, *con rumor de tren,* complemento de *cayendo,* equivale a «igual que un rumor de tren». Podemos apoyar esta equivalencia con el ejemplo del v. 11 del mismo poema: *temblando igual que un gorrión mojado.* La construcción es la misma: gerundio-nexo-complemento modal.

El segundo *con,* en v. 3, no parece depender de *cayendo,* sino de *lluvia,* pues *cayendo* puede producir un ruido, pero no un olor; de todas formas, parece seguir vigente el sentido de «semejanza» o «afinidad» que apunta *Gram. Acad.* Se podría aceptar, sin embargo, el sentido de «la lluvia cayendo como un olor difuso...», pero es muy dudoso, si no absurdo.

> *b)* a carbonilla y campo (v. 3).

¿Por qué no dice «un olor *de* carbonilla»? La preposición
a está aquí obedeciendo al régimen del verbo *oler,* no al
nombre *olor*: «oler a...» Esto quiere decir que la función
de *a carbonilla* es de complemento circunstancial modal,
igual a «como carbonilla».

> c) Diciembre es esta imagen
>   *de* la lluvia cayendo...

Ahora es el uso un tanto anormal de *de* lo que nos interesa. Si después de *imagen* hubiera dos puntos, tendríamos una metáfora, una sustitución: «esta imagen: la lluvia cayendo»; pero con *de* se presenta una contigüidad
metonímica, tal vez más intencionalmente prosaica (en
este caso) que la metáfora.

La construcción es frecuente, y concretamente la frase
«la imagen de...» es corriente en Biedma (véanse ejemplos en mi libro *La nueva poesía española,* pp. 86-88). Es
fácil encontrar ejemplos en otros autores:

> Te dejaré la imagen, el recuerdo de un padre del que
> no tendrás por qué avergonzarte (Onetti).
>
> Habría coincidido con la imagen de un violinista me-
> lenudo y raído (Onetti).
>
> Y cuando hayáis imaginado todo esto, entonces tendréis
> una pálida imagen de lo que es Arcos (Azorín).

Creemos que la construcción pertenece a un lenguaje con-
versacional, aunque culto (que es característico del estilo
de Biedma). El efecto poético se logra por la calidad
abstracta de los sustantivos. La construcción podría tener su origen en frases con verbo *imaginar* + complemento directo: «Se había imaginado una violenta necesidad de...» (Onetti), o: «imagino que hay un cerro junto
a la ciudad» (ibíd.). Si imagino que hay un cerro, o si
imagino un cerro, ésta es *la imagen de un cerro.* Y tal
vez se cruce otra construcción, como «la alegría *de* los
campos», que implica que «los campos son alegres» o
«tienen alegría».

No es exactamente la misma construcción que: «Silencio *de* cal y mirto» (Lorca), o:

> Vestidos aún
> sus colores *de* papagayo,
> *de* poder y *de* fantasía (H 58-60).

En Lorca, se dice de qué está hecho el silencio, aunque es un disparate, y por ser un disparate es una metáfora; y lo mismo sucede en el último verso citado de Hierro, apoyado en el no disparatado «colores de papagayo». (Lo mismo: «¡Qué revuelo *de* alegría!» —Cel 7—; y «Oigo flotando en olas *de* armonía / Rumor *de* besos y batir *de* alas» —Bécquer—.) Decimos que no es la misma construcción que «esta imagen de la lluvia», porque en Lorca y Hierro el uso de *de* está apoyado en su sentido de posesión, lo que no pasa en el caso de Biedma. En este caso, *de* equivale a los dos puntos (:), y sirve para formar una «imagen» a continuación.

¿Es esa «imagen» una metonimia o una metáfora? Recordemos a Jakobson: «¿Cabaña? — Es una vivienda pequeña y pobre.» «¿Diciembre? — Es esta imagen...» Bien; metonimia. (Metáfora sería: «¿Diciembre?» — «Desolación», «Se hiela el alma».) Pero (y ahora tal vez nos estemos alejando de Jakobson): «Esta imagen... ¿qué imagen?» — «la lluvia cayendo»: sustitución, metáfora.

Toda la perturbación la produce *de,* que, como nexo gramatical, liga la frase en un lenguaje metonímico; pero su carencia de significado transforma la preposición en un mero signo, como los dos puntos. Y no queremos decir que ese signo no signifique nada: su significado es hacer de puente a la «imagen» siguiente. Sus equivalentes serían: «es decir», «tal», «como»... La construcción de Gil de Biedma incluye una metáfora dentro de una metonimia.

Las tres preposiciones estudiadas en a), b) y c) —*con, de, a*—, al perder su significado habitual (por razones de lenguaje poético, razones estilísticas), han adoptado un valor igualativo, sirviendo de puente a una sustitución (metáfora). Pero su función paradigmática (de *langue*) las hace continuar pareciendo nexos del lenguaje de contigüidad (metonimia). En realidad, no son preposiciones, sino *interposiciones*, lo más parecido a una conjunción.

7)   Nos parece que hay que volver a la teoría de Jakobson sobre la metáfora y la metonimia. No podemos negar que hay cierta dificultad en entender a Jakobson (a pesar de que no hay crítico que se tenga por tal que no lo cite, lo entienda o no lo entienda): *Choza* y *cobertizo* (véase la Introducción) serían distintas posibilidades de tipo metafórico para sustituir a *cabaña*; pero *techo de paja*, *pobreza* serían posibilidades de tipo metonímico, porque en estas palabras se combina y se contrasta la inicial similaridad con una contigüidad semántica y sintáctica («combine and contrast the positional similarity with semantic contiguity»): los significados no quedan encapsulados en sí mismos, sino que pasa una corriente de uno a otro, de *cabaña*, digamos, a *techo de paja* o *pobreza*. Parece como si la metáfora exigiera un salto, y la metonimia, recorrer un pasadizo.

¿Por qué digo un poco antes que la relación entre *Diciembre* y *desolación*, o *se hiela el alma*, es de tipo metafórico? Jakobson dice que la relación entre *techo de paja* y *pobreza*, respecto a *cabaña*, es de tipo metonímico. ¿Hay más unión —puente— entre *pobreza* y *cabaña* que entre *desolación* y *diciembre*? Sí. No es de esperar que muchos hablantes sustituyan *diciembre* por *desolación*, o fabriquen el sintagma *desolado diciembre* (yo lo hago porque, cuando niño, aprendí una canción que decía: «El invierno ha llegado ya. / ¡Qué desolación!»); en cambio, *frío* (como sustantivo o adjetivo) sí sería bastante posible, pues «el frío invierno» incluye esa palabra como epíteto en una frase hecha. La dificultad consiste en decidir el grado de disparate, o aberración (Cohen), o como quiera llamarse, entre el elemento que forma la «imagen» y el término real correspondiente. «El haber un abismo entre los términos de la comparación, el cual se pretende salvar por medio de un salto de *ingenio*, es lo que diferencia al *concepto* [que trata de "establecer una relación intelectual entre ideas u objetos remotos"] de la metáfora normal. En los antiguos tratados de retórica esta metáfora violenta o disonante se llama catachresis.» (A. A. Parker, «La "agudeza" en algunos sonetos de Quevedo», *Estudios dedicados a Menéndez Pidal*, Madrid, 1952, tomo III, p. 349.)

Queden, pues, establecidos tres grados: 1.º la relación entre dos términos, con pasadizo sintáctico y semántico (metonimia); 2.º el salto de un término a otro, con una amplia gradación de correspondencias semánticas (metáfora); y 3.º el salto excesivo, en los puntos más alejados de esas correspondencias semánticas (concepto, catacresis).

Esta gradación se corresponde con la que hemos visto antes entre adjetivos calificativos, adjetivos determinativos y adjetivos metonímicos; y en estos últimos puede entrar también en juego la catacresis, para formar un sintagma sustantivo + adjetivo disparatado, como por ejemplo «caliginoso lecho», «manzana hipócrita», «opilada camuesa», «púrpura nevada o nieve roja», por citar unos pocos casos del *Polifemo* de Góngora, autor tan conceptista como culterano.

8) Ya que citamos a Góngora, el metaforista por excelencia (¿metaforista, o también metonimista?), nos sorprende gratamente observar la preocupación de Dámaso Alonso por seguir el hilo gramatical (la contigüidad) del enrevesado estilo de don Luis: la complicada estrofa del zurrón de Polifemo deja por un momento perplejo a don Dámaso, y se pone a «pensar un momento en otro aspecto del gongorismo: su *continuidad sintáctica*. Tratamos ahora de ello, precisamente porque en esta estrofa falla o parece fallar el sistema»; «se diría que a Góngora *se le rompió la sintaxis*». «Un fracaso, pues, del poeta», porque han tenido que colaborar dos siglos, el XVII y el XX, para que lo podamos entender. (*Poesía española*, 1950, pp. 381-382 y 389; subrayados míos.) Pero todo termina bien, y don Dámaso pone el orden (continuidad) gramatical que al parecer quería don Luis. Lo importante de esta cita es la observación de cruces y coexistencia de un lenguaje metafórico y un lenguaje metonímico, como cuando nosotros hemos dicho antes que, en el estilo de Gil de Biedma, estábamos observando una metáfora dentro de una metonimia. Las ideas de Jakobson son

fértiles, pero no tan sencillas: en un contexto pueden coexistir los dos tipos de lenguaje, metafórico y metonímico. La ratificación de esta posible coexistencia la encontramos leyendo el libro de Ignacio Prat, «*Aire nuestro» de Jorge Guillén*, Ensayos/Planeta, Barcelona, 1974, pp. 92-93, donde al estudiar el proceso de formación de la metáfora «Manantial, doncella», de «El manantial», *Cántico*, se cita esta frase tomada de la *Réthorique générale*, Larousse, París, 1970, pp. 106 y ss.: «la métaphore est le produit de deux synecdoques», y se dan pruebas que demuestran tal aserto.

9)   Tanto la frase metafórica como la metonímica pueden ser predicativas, dice Jakobson; lo importante para diferenciarlas es el salto, o el paso, que se da entre sujeto y predicado. Veamos en nuestros textos algunas frases con verbo *ser*:

a)   qué sencilla es la dicha (Cel 12).
b)   el mundo... es hermoso, y es sencillo (Cel 21).

Los predicados son sencillos, como los adjetivos que llamamos «calificativos». Algo más ambiciosos son los predicados siguientes:

c)   más que humano es su gozo (Cel 52).
d)   un secreto... será amplitud de fronda (Cel 46).

d) es ya un salto, una metáfora.

e)   También tú eres real (Cel 24).

Éste es un ejemplo perfecto de lenguaje metonímico. Este poema de Celaya, «Buenos días», tiene, en nuestra opinión, mucho eco de Jorge Guillén, y por eso vale la pena comparar los estilos de los dos poetas:

Gusanito...
También tú eres real (Celaya).

Frase predicativa, contigüidad, metonimia.

Mosquitos: realidad también. (Guillén, «Tiempo libre», *Cántico*.)

Frase nominal, equivalencia, metáfora.

Es digno de notar que las frases con verbo *ser* están muy concentradas en la estrofa 4.ª del poema de Celaya, mientras *estar* se acumula en la estrofa 6.ª Un caso interesante ocurre en v. 19: «Yo no soy yo y existo.» La negación de *ser* que se predica del sujeto *yo* está unida a la afirmación de *existir*. *Existe* se une en la misma estrofa a los predicados simples *es hermoso, es sencillo*. «Yo soy yo», en cambio, sería una tonta redundancia que nos dejaría en ayunas respecto a «qué o quién soy yo», expresión que sabemos aborrece Jorge Guillén. Pero «yo soy real», o «tú eres real» tiene sentido: equivale a *existir*.

Las frases con verbo *ser* son tajantes, definitivas, indiscutibles, y comprometen al que las pronuncia. («La tierra es redonda» es algo que se cree a pies juntillas.) Tal vez el que las pronuncia no tenga razón, pero el hablante cree que sí. Por eso, cuando Biedma dice: «Diciembre es esta imagen...», se está comprometiendo de manera personal, subjetiva, en lo que es «esta imagen». (Ya hemos visto que *esta* ayuda a ese énfasis de lo personal.) Esas verdades (o mentiras) tajantes parecen «máximas», núcleos generativos de significado.

Tzvetan Todorov observa cómo el *lenguaje* engendra *discurso* (u obra «poética»). Esto se llama *endogénesis*. Un proverbio se desarrolla en una fábula; una fábula se enrolla en un proverbio; una metáfora puede ser el núcleo de un cuento (Boccaccio: el fraile que metía al demonio en el infierno viene de «send the devil to hell», un proverbio).

Así es la fuerza de las frases rotundas con verbo *ser*, que pueden engendrar todo un poema, como en Biedma, o importantes adiciones a un poema, como «Castilla / es ancha» (Ot 2, 11-12), basado en el dicho «Ancha es Castilla». (Véase más adelante, p. 100 de este estudio, la intención de Otero; y véase T. Todorov, «Structuralism and Literature», en *Approaches to Poetics*, pp. 153-168.)

Aunque el sujeto *yo* no aparece hasta el penúltimo verso, en el poema de Biedma el énfasis de «esta imagen» está dominando la visión personal, subjetiva, y sin embargo abstracta, borrosa, de la imagen (*difusa, visión en fuga, diciembre,* es decir, 31 días; ¿a cuál se refiere?). Pero todo cambia cuando se abandona la *imagen* y se pasa a pintar un «cuadro» minuciosamente, con objetividad, concreto, frente a las abstracciones anteriores:

> El cielo es negro y gris
> y rosa en sus extremos,
> la luz de las farolas un resto amarillento.
>
> (vv. 14-16.)

La frase con *ser* es ahora de una contigüidad sencilla, sin ningún salto de imaginación. Así es el cielo y la luz de las farolas cuando empieza a amanecer. De esta manera se ilustra la doble posibilidad de las frases con *ser*: salto, metáfora, cuando el hablante usa libremente (subjetivamente) su capacidad imaginativa; o paso discursivo a través de la cópula hacia predicados simples, «calificativos». Estamos de nuevo en la gradación que habíamos establecido antes a propósito de los adjetivos: calificativos, determinativos, metonímicos, catacresis.

10) Vamos a analizar otros tipos de construcción de «imágenes». Metáfora dentro de metonimia:

a) mojado hasta los cuernos (Bied 1, 18).
b) las abominaciones (Bied 2, 46).

Los dos son casos de auténtica sustitución (metáfora), basados en paronomasia. *Cuernos* por «huesos», *abominaciones* por «dominaciones». «Mojado hasta los huesos» ya es una frase hecha, una metáfora, gramaticalizada. La sustitución de «huesos» por *cuernos* forma una nueva metáfora, y Biedma demuestra que una frase que ya había entrado en la «langue» todavía puede funcionar dentro de la «parole». (Otero lo hace también muy a menudo. Y la misma construcción, también basada en paronomasia, aparece en las últimas palabras de Claudio Rodríguez: *Río Duradero*, del poema «Al ruido del Duero».)

En el caso *b*), el juego es más complicado: la serie terrestre «los hombres y los perros» ha provocado la serie celeste «los dioses y los ángeles / y los arcángeles, los tronos», y el furor creciente de una serie tras otra ha provocado la vuelta a lo terrestre para cerrar el poema con una palabra larga precipitada: *las abominaciones...*, seguida de puntos suspensivos o jadeantes. El ritmo de la frase tiene mucha importancia, y habría que estudiarlo en otro capítulo.

En realidad, *abominaciones* no es una metáfora: es una vuelta al plano real, terrestre, como hemos dicho; pero es una sustitución oportuna de una palabra de la serie celeste, que iba perdiendo significado. Tiene de metafórico su carácter de ruptura y de sustitución. Es una metáfora invertida.

> ¿Dónde está su secreto?
> ¡Totalidad hermosa! (Cel 33-34)

¿Es una metáfora el último verso, o una metonimia? (La construcción, dicho sea de paso, es muy guilleniana.) Respuesta a una pregunta. Y entonces parece que estamos ante lenguaje de contigüidad. Pero lo que sucede en realidad es que la respuesta no tiene que ver nada con la pregunta. Por lo pronto, *Totalidad* elimina a *Dónde*, pues no interesa un sitio, sino *todos* los sitios. La pregunta es inoportuna, impertinente, no había que preguntar eso, y por eso se responde a la interrogación con una exclamación: «¡Totalidad hermosa!» La exclamación en vez de la interrogación ya es una sustitución significativa. Toda la frase es una sustitución, una metáfora. (En este poema de Celaya, la «hermosura» que se atribuye al *todo*, sabemos que, como *la dicha*, es «sencilla» —estrofa 4.ª—, y no hace falta preguntar por el secreto de lo sencillo, pues no lo hay. La idea de Celaya es que el mundo existe, y es hermoso y es sencillo, y basta.)

Creemos que un caso semejante es el de Otero 2, 4-6:

(España
libre.) Violentas
carcajadas.

No hay pregunta, como había en Celaya. Pero la expresión «España / libre» provoca como respuesta —es sus-
tituida por— unas enormes ganas de reír: «Violentas /
carcajadas.» Tanto en el ejemplo de Otero como en el
de Celaya se perciben dos voces, una que emite el primer mensaje y otra que borra, corrige o sustituye ese
primer mensaje. Volveremos a hablar de esta «anti-
fonía».

12) Discutiremos a continuación dos procedimientos
gramaticales generadores de metáforas o metonimias.
Las *aposiciones* y el *vocativo*. En Biedma, «Himno a la
juventud», por tratarse precisamente de un himno, abun-
da el lenguaje grandilocuente (no sin sorna), propicio a
vocativos y aposiciones. Aquí están los ejemplos:

a) juventud (v. 2)
b) encanto descarado de la vida (v. 3)
c) De las ondas surgida,
    toda brillos, fulgor, sensación pura
    y ondulaciones de animal latente (vv. 9-11)
d) oh diosa esbelta de tobillos gruesos (v. 15)
e) belleza delicada (v. 19)
f) figuraciones
    de un fabuloso espacio ribereño (vv. 22-23)
g) sofisticada / bestezuela infantil (vv. 31-32)
h) oh bella indiferente (v. 41)

Tendremos que aclarar lo que es un vocativo y una
aposición. El vocativo se dirige al *tú* y está en lugar del
tú (es una sustitución del *tú*, una metáfora). La aposición es un sustantivo o un adjetivo complementarios de
cualquier persona. Un par de ejemplos clásicos:

i) Danubio, río divino (Garcilaso)
j) Y el monte, gato garduño,
    eriza sus pitas agrias (Lorca)

El ejemplo de Garcilaso es un vocativo. El ejemplo de
Lorca es una aposición, que califica o determina al nombre a que se refiere. El primero (el de Garcilaso) es, por
así decir, un nombre independiente; el segundo (Lorca)
es un nombre dependiente de otro nombre anterior. Pero
también puede encontrarse un adjetivo como aposición,
y no necesariamente pospuesto, o inmediatamente pospuesto:

> Ante el pálido lienzo de la tarde,
> la iglesia, con sus torres afiladas
> y el ancho campanario, en cuyos huecos
> voltean suavemente las campanas,
> alta y sombría, surge.
>
> (A. Machado, *Galerías*, LXXIII.)

Después de un largo paréntesis, viene el pequeño paréntesis *alta y sombría,* que es el complemento adjetival
—aposición— de *la iglesia.* Siempre se ha considerado a
la aposición como un complemento inmediatamente unido al nombre. En el ejemplo anterior no sucede así, pero
la función es la misma. Podemos llamarla en casos semejantes «aposición dislocada».

Una cosa es la determinación de un nombre por medio
de un complemento adjetival, y otra cosa es la repetición —o tiroteo— de nombres (repetición de apelativos),
en busca del que mejor acierte a simbolizar el *tú,* que es
lo que frecuentemente hace Vicente Aleixandre, sobre
todo en su primera poesía:

> Ah, eres tú, eterno nombre sin fecha,
> bravía lucha del mar con la sed,
> cantil todo de agua...
> lámina sin recuerdo...

En el siguiente ejemplo de Cervantes, los vocativos,
más que un tiroteo, son una suma de apelaciones:

> ¡Oh, bellaco villano, mal mirado, descompuesto, deslen-
> guado, atrevido, murmurador y maldiciente! ¡Vete de mi
> presencia, monstruo de la naturaleza, depositario de
> mentiras, armario de embustes, silo de bellaquerías,

inventor de maldades, publicador de sandeces, enemigo del decoro que se debe a las personas reales!

Volviendo a los ejemplos de Biedma, *d*) y *h*) son los clásicos vocativos, con exclamación retórica, pero además llevan adjetivos propios que los determinan. *Diosa* y *bella* son nombres de *tú*. Ahora bien: no podemos decir que son metáforas en el estricto sentido del lenguaje de «imágenes», sino en el amplio sentido simbólico que todo nombre tiene. *Tú* se llama (es llamada) *diosa* o *bella*, y esos nombres no son tanto una sustitución como una superposición, una etiqueta.

a) *juventud* es también un caso semejante: es el nombre simbólico de *tú*. Pero el problema empieza con el verso siguiente: *b*) «encanto descarado de la vida». ¿Es esto una aposición a *juventud*, u otra denominación de *tú*? ¿Otro nombre, o una determinación (adjetival) del nombre anterior?

Para decidir entre vocativo o aposición es muy importante tener en cuenta la entonación. Al ir dirigido al *tú*, el vocativo tiene la entonación ascendente de todo apelativo; la aposición se pronuncia, en cambio, como un paréntesis, en forma descendente:

Danubio, río divino
(y seguirá un verbo en 2.ª per.) —— Vocativo.

Danubio (río divino)
(y seguirá un verbo en 3.ª per.) —— Aposición.

Y el monte, gato garduño,
eriza... (verbo en 3.ª per.)   —— Aposición.

Entonces, para decidir si el ejemplo *b*) de Biedma es vocativo o aposición, tenemos que recurrir a la entonación... y la interpretación puede ser ambigua: es un vocativo, una frase independiente, otro nombre de *juventud*, si lo pronunciamos en un tono ascendente. (Vocativos

tan largos suelen ser exclusivos del lenguaje literario;
véanse los ejemplos de Aleixandre y Cervantes.) Pero si
lo pronunciamos como un paréntesis, como un complemento de *juventud* («juventud es un encanto descarado
de la vida»), con entonación descendente, entonces es
una aposición. En parte, el problema radica en que, si
es aposición, lo es de un *tú*, y de ahí la ambigüedad.

Observemos el ejemplo siguiente, con sus variantes de
entonación:

> *A)*   ¡Qué se ha creído usted, idiota! ↗
>
> *B)*   ¡Qué se ha creído usted, idiota!
> *C)*   ¡Qué se habrá creído, el idiota!

A) está dirigido totalmente al *tú* (o *usted*), y es un insulto directo a la 2.ª persona, un vocativo. En *B)* se pronuncia *idiota* entre paréntesis, y está dirigido al *tú*, pero
indirectamente, por miedo a la reacción del *tú* al insulto;
lo llamo «vocativo indirecto». *C)* está en 3.ª persona, y
el idiota es el sujeto de la frase; no tiene que ver ni con
vocativo ni con aposición. No nos atrevemos a llamar
a *B)* aposición, aunque podría serlo de *usted* («usted,
que es un idiota, qué se ha creído»; es muy parecido al
caso *b)* de Biedma), y por eso lo llamo «vocativo indirecto», porque está en verdad dirigido a una 2.ª persona,
aunque en «sotto voce».

Aquí se ve la gran importancia que tiene la entonación. Hay que tenerla forzosamente en cuenta al tratar
del lenguaje poético; y las consecuencias lingüísticas no
son desdeñables.

En el otro y siguiente ejemplo de Biedma:

> *c)*   De las ondas surgida,
>   toda brillos, fulgor, sensación pura
>   y ondulaciones de animal latente...,

se trata de aposiciones, complementos de «oh diosa esbelta» (v. 12), aunque dependen de una 2.ª persona. Lo
notable del caso es que las aposiciones están antepues-
tas: la frase está anticipando los determinantes de *diosa*.

La frase empieza con complementos circunstanciales, que dan origen a las aposiciones. Esta segunda estrofa del poema tiene trece versos, y el sujeto —vocativo— está justo en medio, precedido de complementos circunstanciales y aposiciones, y seguido de los mismos elementos, de manera casi simétrica. Es decir: también es aposición e): «belleza delicada, / precisa e indecisa», rodeada de complementos circunstanciales como estaban las aposiciones de la primera parte de la estrofa: «toda brillos», etc.

El caso f): «figuración / de un fabuloso espacio ribereño», es también un caso de aposición, pero el *tú* a que se refiere y que determina está lejos (aparece como un eco en el complemento directo *te*, sujeto a su vez de *llegar*, *accusativus cum infinitivo*), hasta tal punto, que casi se independiza y casi es una *visión*, en el sentido que le da Bousoño (atribución de cualidades irreales a un objeto real no mencionado). Repetimos dos veces *casi* porque el objeto está mencionado, aunque mucho antes, «oh diosa». Una aposición con un antecedente tan lejano es ya una «imagen» con vuelo propio —una *visión*—. Lo mismo se puede decir de e).

g): «sofisticada / bestezuela infantil», es otra aposición, dependiente de *ti*. Si la frase terminase después de *infantil* podría ser considerada como un apelativo —vocativo—, pero en toda su longitud tiene más bien un carácter complementario, con entonación descendente.

Que no nos engañen las apariencias: las aposiciones son *predicados*, no *apelaciones*. En el siguiente ejemplo hay *predicados* y no *apelativos*:

> ... tan habladora esa que anda vestida de manda de Lourdes y que vive en el patio del lavadero, envidiosas todas, metetes, intrusas, peladoras... (José Donoso, *El obsceno pájaro de la noche*).

El caso más sorprendente es éste, de José Hierro:

PRESTO

De todos los que vi (se sucedía
fatalmente), de todos los que vi,

todos aquellos que solicitaron
—de quienes yo solicité— ternura,
5   calor, ensueño, olvido, paz o lágrimas...
De todos esos en los que viví,

por qué tenías que ser tú, retama
matinal, estival, voz derruida,
perro sin amo, espuma levantada
10   hacia las noches, agua de recuerdo,
gota de sombra, dedos que sostienen
un pétalo de sol... por qué tenías,
ciega, precisamente que ser tú...

De todos los que vi, por qué tenías
15   que ser tú, leño que sobrenadabas...
Por qué tenías que ser tú, muralla
de ceniza, madera del olvido...

Por qué tenías que ser tú, precisamente tú, con el nombre diluido,
20   con los ojos borrados, con la boca
carcomida, lo mismo que una estatua
limada por los siglos y las lluvias...
De todos los que vi, desenterrados
de las mañanas y los cielos grises...
25   De todos, todos, todos, por qué habías
de ser tú sólo quien me entristeciese,
quien se me levantase, puño de ola,
me golpease el corazón, con esos
instantes sin nosotros, caracolas
30   duras, vacías, donde suena el mar
de otros planetas...   Modelada en sombra
y en olvido, tenías que ser tú,
melancolía, quien resucitase...

(Quinta del 42)

Todos los aparentes vocativos, o apelativos, son falsos;
son, como dice el poeta, «nombre diluido», en realidad
complementos del único verdadero vocativo, que aparece
en el último verso: *melancolía*. Todos los demás son aposiciones de este vocativo. *Ciega* (v. 13) y *Modelada* (v. 32),
femeninos, son los únicos indicios que se nos dan de
cuál va a ser el nombre principal. Pero sucede que esas
aposiciones dislocadas están tan lejos del nombre al que

complementan, que toman vuelo propio y se hacen «imágenes». El valor de aposición, ya no tan dislocada, es más claro en «Modelada en sombra / y en olvido» (vv. 32-33). Lo mismo «caracolas / duras», aposición de «instantes sin nosotros» (vv. 29-30), con concordancia en plural. Es interesante observar también que en el v. 26 *sólo*, después de *tú*, es adverbio, y no adjetivo masculino (*solo*), lo cual hubiera contradicho la verdadera naturaleza femenina de *tú*.

Y ahora viene el problema arduo: ¿son estas aposiciones metáforas o metonimias? Por ser nombres complementarios, del lenguaje de contigüidad, deberían ser consideradas como metonimias; y sin embargo... ya vemos cómo el determinante se va distanciando del determinado hasta el punto de despegarse con vuelo propio, como un cohete que sale de otro cohete.

13) Hay otro caso discutible en Guillermo Carnero, «Watteau...», *Dibujo de la muerte*:

> Mirad: hay más vida
> en la mano enguantada que abruma
>   de encajes su antifaz
> o bajo los losanges del arlequín que pulsa las
>   cuerdas del arpa
> que en todos vosotros, *pintados* paseantes de
> Los Campos Elíseos. [Subrayado mío.]

¿*Pintados* es una aposición, determinante de *vosotros*? Es un caso ambiguo, como los anteriores. Nos decidimos por una entonación descendente, propia del paréntesis —aposición—, y no de un apelativo. Carnero es muy ambiguo en este poema en el uso de *vuestro, vosotros, Mirad*. No sabemos muy bien si se dirige a los personajes del cuadro, a los de los Campos Elíseos, o al lector; parece que los confunde conscientemente. Si el caso en cuestión no es una aposición, tal vez sea un vocativo indirecto.

En todo caso, lo interesante es, como ya hemos visto en Carnero, el poder transpositivo de una palabra, ahora el adjetivo *pintados*. El poema se refiere a un cuadro de

Watteau, en el que los personajes, según Carnero, son más reales que los personajes que se pasean por los Campos Elíseos. Estos últimos son los *pintados*, adjetivo tan determinativo, o determinante, que traspasa a un plano irreal a esos personajes: metáfora dentro de metonimia.

Carnero es una fuente inagotable para regar este campo de greda en el que estamos metidos. En «Jardín inglés», de *El sueño de Escipión*, dice:

> Las estatuas sugieren
> un alma a este jardín, no su pasado mismo
> sino *una vaga realidad que me complace ahora*
> *inventar en su honor...* [Subrayado mío.]

Y además, este libro citado contiene un poema de enrevesada interpretación, que se titula «Investigación de una doble metonimia». No es ésta la ocasión de intentar su análisis.

14) Vamos a añadir unos cuantos ejemplos más de vocativos y aposiciones para que quede clara la distinción entre esos dos usos:

1) tú, música del río, aliento mío hondo,
llaneza y voz y pulso de mis hombres, [Vocat.]
> (C. Rodríguez, «Al ruido...»)

2) Lejos estoy, qué lejos. ¿Todavía,
agrio como el moral silvestre, el ritmo [Aposic.]
de las cosas me daña? *Alma del ave*, [Aposiciones.]
yacerás bajo la cúpula del árbol.
¡Noche de intimidad lasciva, noche
de preñez sobre el mundo, noche inmensa! [Voc.]
> (C. Rodríguez, «Canto del despertar»,
> *Don de la esperanza*.)

3) Guadalquivir, alta torre
y viento en los naranjales,
Dauro y Genil, torrecillas
muertas sobre los estanques. [Aposiciones]
> (F. G. Lorca)

Un lingüista que ha prestado la debida atención a la entonación es W. L. Chafe, en su libro ya citado *Meaning and the Structure of Language*. El capítulo 15 de este libro está dedicado a estudiar lo que el autor llama «new and old information». El hablante enfatiza la nueva información haciendo caer el acento en la palabra que la proporciona: «The box is *empty*» —«la caja está *vacía*»—. O, si la pregunta fuese: «¿Qué es lo que está vacío?», «*La caja* está vacía». Chafe da al término enfatizado el nombre de *new*, correspondiendo a *predicado*, en la vieja oposición sujeto-predicado (pp. 211-212).

Nos atrae esta idea de Chafe y queremos aplicarla a nuestro tema vocativo-aposición. La aposición, con entonación descendente, ofrece información no nueva, ya conocida. En «Cicerón, orador romano», si uno sabe quién es Cicerón, la aposición es una redundancia. En cambio, el vocativo comunica nueva información: aunque se refiera a un nombre conocido, añade las nuevas posibilidades que da otro nombre, que toma nueva fuerza ascendente en la entonación. Claro que en el lenguaje poético las cosas se complican, y una aposición puede ser una metáfora; pero la idea de Chafe podría ser fructífera incluso aplicada al lenguaje poético.

1) El paréntesis, ya sea con signo convencional () o con la frase entre guiones o entre comas, produce una ligera, o acaso fuerte, ruptura en la enunciación de lo que se está diciendo, y se percibe un cambio en la entonación. Esa ruptura puede servir para introducir un nuevo sujeto:

> Con tristeza,
> el caminante
> —alguien que no era yo, porque lo estaba
> viendo desde mi casa— recogió su polvoriento
> equipaje (Glez 1-5).

El narrador necesita un nuevo sujeto —*yo*—, y el cambio de entonación afecta incluso a la longitud de la frase.

Un caso extremo, detectable por la entonación y por el cambio de sujeto, es: «como nosotros» (Mont 2 y 23). Podríamos perdonar las comas en v. 2 y considerar la frase como un complemento circunstancial modal oportuno, pero en v. 23, por tratarse de una repetición de las mismas palabras, la frase ya no tiene toda su fuerza sintáctica: parece más bien un paréntesis, que separa al verbo del adverbio: «amaron (como nosotros) bastante mal».

2) También sirve el paréntesis para introducir un cambio de tiempo verbal, cosa que ya sucede en el ejemplo antes citado de Ángel González. El cambio de tiempo verbal definitivamente influye en la entonación:

> pertenecieron a selectos Ateneos, otros
> a marrones ateneos de barrio, quizá
> de gremio —sus ediciones económicas
> de Marx, Lombroso, Paracelso, San
> Agustín o Bakunín todavía se encuentran
> en montones malolientes de encantes
> domingueros— y cantaron por Pascua...

(Mont 11-17)

Una narración en presente dentro de otra narración en
pretérito, y cambio de sujeto. La puntuación de Vázquez
Montalbán es muy arbitraria o brilla por su ausencia;
pero otro cambio de tiempo verbal con su correspondiente cambio de entonación y de sujeto nos hace detec-
tar otro paréntesis:

> ... y cantaron por Pascua
> «Rosó, llum de la meva vida...»
> en las esquinas del barrio, las masas
> corales no inquietaban a Ortega, filósofo (vv. 17-20).

El paréntesis empieza con «las masas...», y del pretérito
se pasa al imperfecto.

3) En «El adiós», de José Ángel Valente, hay tres pa
réntesis con su signo convencional:

  a) (La mujer lo miraba sin respuesta) (v. 3).
  b) (Ella lo contemplaba silenciosa) (v. 13).
  c) (Más frágiles que nunca sus palabras) (v. 17).

¿Por qué estos paréntesis? ¿Son necesarios? Parecen simples frases coordinadas, pero el cambio de sujeto y de
tiempo les da las características formales ya vistas del
paréntesis. Observemos, sin embargo, que *c)* no tiene
verbo, pero el sujeto es «sus palabras» (podemos suponer un verbo *ser*) y esas palabras son exactamente: «La
vida es algo inesperado.» Es, pues, como un comentario
de «La mujer». Se esperaba un diálogo, y el autor expresa en el paréntesis la actitud de uno de los interlocutores
—el que no habla—. En este poema es muy dramático
ese silencio. El cambio de la entonación es lo que da al
paréntesis ese carácter de segunda voz, o de segundo argumento, complementario del primero.

4) El caso de Blas de Otero merece párrafo aparte:

POÉTICA

Apreté la voz
como un cincho, alrededor
del verso.

(Salté
del horror a la fe.)

Apreté la voz.
Como una mano
alrededor del mango de un cuchillo
o de la empuñadura de una hoz.

¿Por qué el paréntesis de la estrofita central? ¿Hay alguna relación gramatical entre esa frase entre paréntesis y
la anterior, o la siguiente? El sujeto y el verbo, o el tiempo del verbo, son los mismos en todo el poema. Pero
sin duda debe de tratarse de otro argumento, y hay que
admitir la ruptura y el cambio de entonación como algo
significativo. (Ruptura y cambio de entonación parecen
ser los elementos lingüísticos mínimos del paréntesis.)
   El lector de Otero conoce el argumento a que alude el
paréntesis, interrumpiendo el argumento de las otras dos
estrofas paralelísticas. Sabemos qué quiere decir «horror»
y «fe»:

Esto es ser hombre: horror a manos llenas (*Ángel*).

... aunque hoy hay sólo sombra, he visto
y he creído...

(«Fidelidad», *Pido la paz*)

Podrá faltarme el aire,
...
La fe, jamás. («En la inmensa mayoría», *Pido la paz*)

Debe de ser importante ese *salto* que dio el protagonista, del horror a la fe. Tuvo que saltar sobre algo que
le oprimía o le cercaba. Este argumento expresado en el
paréntesis puede ser suficiente como explicación o comentario al tema principal —y eso justificaría el uso del
paréntesis.

Tememos que la explicación lingüística que vamos a dar parezca falta de enjundia lingüística a un lingüista severo. Nuestra explicación está basada, primero, en la semántica: casi todas las palabras coinciden con el significado de la primera, *Apreté: cincho, alrededor,* y *mango* y *empuñadura,* que significan objetos hechos para apretar o ser apretados. Y después de esta evidencia semántica hay que aludir a otra evidencia: el paréntesis, con su signo convencional, tiene un significado extragramatical, más bien visual: aprieta la frase como un cincho. La palabra *hoz,* dejando aparte su significado simbólico, y el hecho de que tiene una empuñadura para ser apretada cerrando el puño, tiene también una forma (ofrece una imagen visual) muy característica: es como una tajada de luna o de melón, o, lo que más nos importa, como un signo convencional de paréntesis. El paréntesis de la estrofa central es la manifestación sintáctica de otro paréntesis (simbólico) que se abre con la primera palabra «Apreté» y se cierra con la última, «hoz» y su forma física. Todo el poema es un paréntesis, y se titula nada menos que «Poética». El autor nos obliga a usar nuestra gramática de la poesía con procedimientos nada estrechos, sino amplios y lo más inteligentes posible. ¿Por qué da Otero a su «poética» la forma de un paréntesis? Porque no puede usar su voz propia y tiene que recurrir a una segunda voz. Su poesía es un aparte dramático, y todo esto se ve muy claramente en el poema «No salgas, paloma, al campo».

5)

NO SALGAS, PALOMA, AL CAMPO

Sé decir muchas cosas y otras que me callo.
Cómo decir españa, patria,
libre.
(España
libre.) Violentas
carcajadas.

> *Anda jaleo,*
> *jaleo.*
> No dejan ver lo que escribo
> porque escribo lo que veo.

> Sé que Castilla
> es ancha.
> Cómo decir añil, ayer,
> morada.
> Ayer.
> Mañana.

> *Anda*
> *jaleo, jaleo.*
> ... lo que veo con los ojos
> de la juventud y el pueblo.

Este poema es una antífona, con voces arbitrarias y voces motivadas.

Primera estrofa:

1.ª voz: (yo) sé... Cómo... Me callo.

2.ª voz: paréntesis: (España / libre): asociación sintáctica proporcionada por la arbitrariedad del signo: unión de cualquier sustantivo con cualquier adjetivo. Perfecto sintagma.

3.ª voz: Acotación dramática, como otro paréntesis: «Violentas / carcajadas.» (Alguien se ríe del abuso de la arbitrariedad del signo.)

Segunda estrofa:

4.ª voz: estribillo de canción popular.

1.ª voz: (ellos)-(yo). Pero con un eco rítmico tomado de la 4.ª voz —el octosílabo de la canción popular.

Tercera estrofa:

1.ª voz: Sé... Cómo... Los complementos de *Cómo decir* luchan entre la arbitrariedad y la motivación del signo. Si la arbitrariedad es demasiado notoria, ya sabemos que puede producir «violentas carcajadas». Por lo tanto, el que emite la 1.ª voz quiere entrar en razón, en motivación del signo.

Cuarta estrofa:

4.ª voz, repetida (la de la 2.ª estrofa).
1.ª voz: (yo)-(ellos): «la juventud y el pueblo». (En la 2.ª estrofa, «ellos» eran los que «No dejan ver lo que escribo».)

Como el autor no puede usar la voz propia (1.ª voz), echa mano de la canción popular (se sale por peteneras), o usa la 1.ª voz con los acentos y ritmo (octosílabos) de la canción popular: maridaje de la voz propia con la voz del pueblo.

El uso de los términos saussurianos, «arbitrariedad» y «motivación» del signo, creemos que es oportuno, porque el poeta está jugando (¿jugando?) con la posibilidad de que el lector juzgue lo que es significativo y lo que no significa nada, pero que por estar dentro del texto significará algo. En el siguiente esquema, que explicaremos después, se ve cómo se va pasando de la arbitrariedad a la motivación:

	Arbitrariedad		*Motivación*
1.ª estr.:	españa, patria libre, (España libre), (Espada libre)		Sé... cómo; me callo
2.ª estr.:	*Anda jaleo*		No dejan ver lo que escribo, porque escribo lo que veo.
3.ª estr.:	añil	ayer Ayer Mañana	Sé... que Castilla es ancha Sé... cómo
	(Molada)	Morada	
4.ª estr.:		*Anda jaleo*	lo que veo con los ojos de la juventud y el pueblo.

Ya hemos dicho que la unión de dos palabras sin significado, pero que constituyen un intachable sintagma («españa» y «libre») produce «violentas carcajadas». En la 2.ª estrofa, el uso del estribillo de la canción popular no significa nada, es lo que en español se dice «salirse por peteneras». Los vv. 9-10 son plenamente significativos, nada arbitrarios; pertenecen a la 1.ª voz. En la 3.ª estrofa, «Castilla es ancha» empieza a tener significación, a pesar de parecer una vacía variante del dicho popular «Ancha es Castilla». Se ofrece una oposición: «ancha» («ayer, mañana») - (implícitamente, estrecha, hoy), y así también cobran significado «ayer» y «mañana». «Ayer» se repite para insistir en que significa algo. «Mañana» significa algo, sin duda; pero «morada» sólo tiene significado si tenemos en cuenta que Otero se lo quitó en la versión publicada en España (*Papeles de Son Armadans*, XXVII, 1958; y J. M. Castellet, *Un cuarto de siglo...*, página 380), donde se lee «molada». (También en España se lee «[Espada / libre]», mientras en Buenos Aires «[España / libre]». «Espada / libre» no tiene tanta gracia como para provocar violentas carcajadas.) En la última estrofa, el estribillo *Anda / jaleo, jaleo* puede empezar a tener significado, como si hubiera sido pronunciado por la 1.ª voz y no sólo la voz del pueblo, y la razón es que ya la voz y «los ojos de la juventud y el pueblo» están maridados con «lo que veo». (La palabra «juventud» está sin duda dando motivación a «Mañana» de la estrofa anterior.) Hay otra oposición significativa: ellos, que «no dejan ver» y nosotros («lo que veo con los ojos de la juventud y el pueblo»). El estribillo *anda jaleo* puede estar motivado por el título del poema, «No salgas, paloma, al campo», porque anda un jaleo, y por eso *me callo*. La canción de Lorca, en la que se basa el poema, es una canción de muerte, y las palabras del título son admonitorias: si sales, paloma, o poema, podrías morir, o ser encarcelado. (En todo rigor, todas las palabras del poema son motivadas: o por su función —o fuerza escondida— dentro del poema, o por el préstamo rítmico o fonético que reciben de las palabras que las rodean: *añil*, por ejemplo, que no significa nada en este contexto, tiene, sin embargo, parentesco fonético con *ayer*.)

Este poema de Otero, con sus diferentes voces y sus paralelismos y su arbitrariedad-motivación, es un ejemplo de «communicatio interrupta», o contigüidad interrumpida, que vamos a estudiar en el capítulo siguiente.

V. «COMMUNICATIO INTERRUPTA» Y ENCABALGAMIENTO

1) En el caso de Otero, «No salgas, paloma...», la comunicación se interrumpe porque no le dejan hablar (por eso insiste tanto en *pedir la palabra*). Empieza a hablar, con verbo en primera persona, pero los sintagmas que produce provocan la risa, y tiene que callarse. Además, tiene el derecho de callarse («y otras que me callo»). Y entonces va hablando a trompicones, mezclando la voz propia con estribillos y refranes del pueblo. Sin embargo, su voz vuelve a aflorar, y todo el poema es un juego de paralelismos, silencios, palabras sin sentido y palabras significativas. El paralelismo está basado en un encabalgamiento sintáctico. Las frases interrumpidas se encabalgan con su continuación o en la misma estrofa o en estrofas paralelas. La frase inicial «Sé decir» + complemento directo, después de sufrir el colapso «y otras que me callo», continúa con otro tipo de construcción enrevesada: ya no «Sé decir españa...» (verbo modal + infinitivo), sino «Sé cómo decir...». Se han encabalgado dos construcciones sintácticas. Esa línea sintáctica vuelve a aparecer con otro nuevo tipo de construcción, en la tercera estrofa, que corresponde paralelísticamente a la primera estrofa: «Sé que...» Tres tipos, pues, de construcción: 1.º «Sé decir» + complemento directo; 2.º «(Sé) cómo decir» + complemento directo, y 3.º «Sé» + frase subordinada objetiva. Y repetición paralela en la misma estrofa: «(Sé) cómo decir.» (Cuando se usa la construcción *Cómo decir* se entra en el terreno del sin sentido, de la arbitrariedad.)

El otro encabalgamiento es entre la 2.ª y la 4.ª estrofas. Este encabalgamiento no ofrece tantas dubitaciones o alternativas sintácticas, sino que es de una perfecta contigüidad (que ha seguido su curso sumergida bajo la estrofa intermedia): «porque escribo lo que veo». El punto final se deshace, y en el encabalgamiento hay que repetir «lo que veo»

>   ... con los ojos
> de la juventud y el pueblo.

2) Para analizar la «communicatio interrupta» de José
Ángel Valente hay que prestar atención a una sintaxis
apoyada en la interpretación del texto. Del v. 9 al v. 17
la comunicación del protagonista masculino con el femenino está cortada. «Ella» no dice nada, y «Él» va a ir
callándose poco a poco, suponiendo que hablara en algún
momento. Los verbos *dicendi* son: *explicó, Habló de nuevo, Recordó.* Los complementos de *explicó* son bastante
absurdos: «sus proyectos para hoy, sus sueños para ayer
y sus deseos para nunca jamás». Es decir: que no desea,
que sueña hacia atrás y que proyecta para el presente.
¿Es esto *hablar?* La voz se ha debido de quedar apretada en la garganta, cuando se apretó la corbata y el corazón. Y en el v. 14, *Habló* va seguido de *Recordó:* parece
como si en vez de emitir palabras, el protagonista pro-
dujese un pensamiento, dicho a sí mismo, y menos que
«sotto voce», en silencio, aunque no venga hasta después (v. 18) la frase «Al fin calló con el silencio de ella».
Creemos que la emoción del acontecimiento ha ahogado
las palabras del protagonista masculino, y que lo que
expresa el poeta no es un decir, sino un pensar, bastante
inconexo, por cierto.

3) Un rasgo fundamental del estilo de Vázquez Montalbán en el poema «Las masas corales» es la interrupción
o cambio de dirección en la línea del discurso, y el encabalgamiento sintáctico correspondiente, frases que se
montan sobre otras. Ya hemos visto en el mismo poema
las interrupciones parentéticas, incluso disfrazadas sin
signos de paréntesis.

La sintaxis está bastante distorsionada desde el principio:

>   Amaban demasiado y los domingos
>   como nosotros...

El verbo tiene un complemento adverbial de cantidad y otro de tiempo y otro de modo, todos apresuradamente superpuestos o acumulados. Además, *amar* y *hacer el amor* se acumulan en vv. 23-24, confundiendo o superponiendo sus significados. Pero donde la superposición o encabalgamiento sintáctico se manifiestan como rasgos característicos de estilo es en los complementos de *tuvieron* (v. 2):

> y tuvieron sonrisa
> desde niños, manos cálidas después
> palpando vida incierta, libros
> pocos; muchos martillo y cuerda
> de cáñamo amarilla o blanca, tosca
> para izar casas y ahorcar pequeña
> vida, interiores de hogares, antes
> de la guerra es posible iluminables
> por carburo o candiles de aceite (vv. 2-10)

Lo que nos interesa no es poner esto en orden, sino subrayar el desorden. *Tuvieron sonrisa, manos, libros, martillo y cuerda* (muy heterogéneos). Y los complementos de esos complementos directos terminan superponiéndose (en inglés «overlaping») en un encabalgamiento gramatical: no queda claro si *muchos martillo y cuerda* quiere decir «muchos tuvieron martillo y cuerda» (*muchos*, pronombre), o si *muchos* es un adjetivo que hace juego con el adjetivo anterior *pocos* (desde luego hacen juego). *Interiores de hogares* (v. 8), ¿sigue siendo complemento directo del lejano *tuvieron*? ¿o depende ya de *ahorcar*, palabra sugerida por *cuerda*, que dramatiza toda la estrofa? La sugerencia semántica de una palabra amenaza voluntariamente el orden gramatical. El desdén hacia ese orden es evidente en la fluidez —chorro de palabras— poco cuidada de la frase, como por ejemplo: «antes de la guerra es posible iluminables por carburo o candiles de aceite» (vv. 8-10).

En la larga y monótona 2.ª estrofa, parecen regir un ritmo endecasílabo (poco respetado) y el encabalgamiento tradicional. La ruptura «San / Agustín» hace que «Agustín» se quede sin «San», pero se una a «Bakunín», otro santo de otra cuerda, y otra voluntaria confusión de añadidura. En el v. 19 debería haber punto después de *barrio*, pero el autor prefiere la canturria ininterrumpida («overlaped») del chorro verbal.

La superposición, u «overlaping», o mejor «braketing», que es como dicen los lingüistas, es especialmente gruesa en *porque murieron* (v. 27), verso que, aunque está dramáticamente solo, no es gramaticalmente más que un complemento circunstancial —causal y coordinado con la frase anterior—. Por un lado es causal («otros no tuvieron tiempo, porque murieron»), pero se superpone un valor extra, consecutivo («murieron, ¿saben ustedes?»), casi como una frase independiente coincidiendo con su aislamiento estrófico. Frase independiente a la que inmediatamente se superpone la frase siguiente. ¿En qué quedamos? ¿«Otros no tuvieron tiempo porque murieron»?, o ¿«Porque murieron muchos»? *Otros* y *muchos* son los dos sujetos del mismo verbo *murieron*, y la ausencia de comas favorece este perfecto ejemplo de superposición o «braketing».[1]

La confusión es intencionada, y el poema termina de una manera caótica: *Las vías de los trenes* (v. 28) no están probablemente *junto a fuentes*, pero *no lejos* y *junto* sí están unidos (como *pocos-muchos*; *algunos-otros*). Y *las fuentes* están separadas de sus plazas para ser incluidas en las guías turísticas; y *las flores* no enrojecen *en domingo*, sino en las *fuentes*, y todo termina en una superacumulación de adjetivos y sustantivos, en la que, como es natural, y triste, *ya nadie distingue*. (Ni siquiera yo, en mi primera interpretación del poema, en mi libro *La nueva poesía española*, pp. 107-109. Aprovecho esta ocasión para pedir perdón al poeta por una crítica bastante severa basada en una defectuosa interpretación.)

4) Hemos visto que toda esa superposición está complementada por casos de atracción, o provocación, de una palabra a otra o de una construcción sintáctica a otra. Por un lado, esa provocación parece ser un fenó-

---

1. El ejemplo típico de «braketing» es: *The* [*new (book*]*store*).

meno que facilita la unión, o la contigüidad; pero por otro lado, rompe la sintaxis.

La provocación puede producirse de una palabra a otra, como en Montalbán; pero puede tener elementos más pequeños, por ejemplo un prefijo, como en «Buenos días», de Gabriel Celaya. El prefijo *ex-* (v. 16): «en la célula explosiva», resulta ser tan explosivo y expansivo, que repercute en *extremo* (v. 17), *exalta* y *existo* (v. 19), *externo* y *existe* (v. 20), *explosión* más tarde (v. 29), y por fin, *expresa* (v. 51), sea o no prefijo en todas esas palabras.

En el mismo poema de Celaya, en la estrofa 2.ª, hay dos vocativos a los que va dirigido el saludo: uno del mundo vegetal, *tamarindo*, y otro del mundo animal, *jilguerillo*. Tamarindo no es un diminutivo, pero podría serlo, o tal vez lo es, por la influencia del otro diminutivo afectuoso, *jilguerillo*. Aunque la etimología (olvidada por el hablante español) es *tamr-hindu* —«dátil de la India»—, según *Dicc. Acad.*, la sílaba intermedia —*rín*— le hace parecer diminutivo. En catalán y en francés, *tamarit* y *tamarin* tienen sufijo de diminutivo, con olvido de la etimología. Y además, es un árbol pequeño, con copa de esparraguera, abundante en la costa norte de España —tal vez estemos dando los «buenos días» en San Sebastián, la patria del poeta.

Para terminar de hablar de estas provocaciones de que son capaces los prefijos, sufijos o infijos, recordemos el título de un libro de César Vallejo, *Trilce*, que, según Juan Larrea (*Insula*, núms. 332-333, julio-agosto 1974) viene de *dulce*. Complicando, pero no sin motivo, la asociación, *dulce* implica para Vallejo *duple*, y él necesita un *triple*; resultado: *Trilce*.

La provocación más conocida es la que se denomina *anáfora*. (Véanse numerosos ejemplos en «Réquiem», de Hierro.) La anáfora es una motivación semejante a la de la rima: es una rima al principio del verso, en vez de al final. Ya sabemos que la rima (y por qué no la anáfora) es una «convención» de la poesía. Pero no se debe negar que pueda ofrecer algún caso de interés para el lingüista.

BIBLIOGRAFÍA

BIBLIOGRAFIA

Approaches to Poetics, Columbia Univ. Press, Nueva York y Londres, 1973, edit. Seymour Chatman.

BARTHES, ROLAND, *Éléments de semiologie*, París, 1964.

COHEN, JEAN, *Structure du langage poétique*, París, 1966.

CHAFE, WALLACE L., *Meaning and the Structure of Language*, Chicago, 1970 (trad. castellana: *Significado y estructura de la lengua*, Ensayos/Planeta, Barcelona, 1976).

ERLICH, VICTOR, «Roman Jakobson: Grammar of Poetry and Poetry of Grammar», en *Approaches to Poetics*.

FERNÁNDEZ RAMÍREZ, SALVADOR, *Gramática española*, Madrid, 1951.

FERRATER MORA, JOSÉ, *Investigaciones sobre el lenguaje*, Alianza Editorial, Madrid, 1970.

FISH, STANLEY E., «Literature and the Reader: Affective Stylistics», *New Literary History*, II (Autumn, 1970).

—, *Self-Consuming Artifacts*, Berkeley y Los Ángeles, 1972.

—, «What is Stylistics and why are they saying such terrible things about it?», en *Approaches to Poetics*.

GILI GAYA, SAMUEL, *Curso Superior de Sintaxis Española*, 1961.

GONZÁLEZ MUELA, JOAQUÍN, *El lenguaje poético de la generación Guillén-Lorca*, Ínsula, Madrid, 1954.

—, *La nueva poesía española*, Ediciones Alcalá, Madrid, 1973.

Gramática de la Real Academia Española (*Gram. Acad.*).

JAKOBSON, ROMAN, *Fundamentals of Language*, Gravenhage's, Mouton, 1956.

—, «Fonction "poétique" et communication», en *La Stylistique*.

La Stylistique, París, 1970, edit. Pierre Guiraud y Pierre Kuentz.

LEVIN, SAMUEL R., *Linguistic Structures in Poetry*, Mouton, 'S Gravenhage, 1962.

—, «The Conventions of Poetry», en *Literary Style*.

Literary Style: A Symposium, Oxford Univ. Press, Londres y Nueva York, 1971, edit. Seymour Chatman.

PAOLI, ROBERTO, «Jorge Guillén ante Italia», *Rev. Occid.*, 130, enero 1974, pp. 110-114.

PRAT, IGNACIO, «*Aire nuestro*» *de Jorge Guillén*, Ensayos/Planeta, Barcelona, 1974.

RIFFATERRE, MICHAEL, *Essais de stylistique structurale*, París, 1971.

STANKIEWICZ, EDWARD, «Linguistics and the Study of Poetic Language», en *Style in Language*.

Style in Language, Cambridge, Mass., 1960, edit. Thomas A. Sebeok.

TODOROV, TZVETAN, «Structuralism and Literature», en *Approaches to Poetics*.

VERON, ELISEO, «L'analogique et le contigu», *Communications*, 15, 1970, pp. 52-69.

POEMAS COMENTADOS

BUENOS DÍAS

Son las diez de la mañana.
He desayunado con jugo de naranja,
me he vestido de blanco
y me he ido a pasear y a no hacer nada,
5   hablando por hablar,
pensando sin pensar, feliz, salvado.

¡Qué revuelo de alegría!
¡Hola, tamarindo!
¿Qué te traes hoy con la brisa?
10 ¡Hola, jilguerillo!
Buenos días, buenos días.
Anuncia con tu canto qué sencilla es la dicha.

Respiro despacito, muy despacio,
pensando con delicia lo que hago,
15 sintiéndome vivaz en cada fibra,
en la célula explosiva,
en el extremo del más leve cabello.
¡Buenos días, buenos días!

Lo inmediato se exalta. Yo no soy yo y existo.
20 y el mundo externo existe,
y es hermoso, y es sencillo.
¡Eh, tú, gusanito! También hablo contigo.
¡Buenos días, buenos días!
También tú eres real. Por real, te glorío.

25 Saludo la blancura
que ha inventado el gladiolo sin saber lo que hacía.
Saludo la desnuda
vibración de los álamos delgados.
Saludo al gran azul como una explosión quieta.
30 Saludo, muerto el yo, la vida nueva.

Estoy entre los árboles mirando
la mañana, la dicha, la increíble evidencia.
¿Dónde está su secreto?
¡Totalidad hermosa!

35   Por los otros, en otros, para todos, vacío,
     sonrío suspensivo.

     Me avergüenza pensar cuánto he mimado
     mis penas personales, mi vida de fantasma,
     mi terco corazón sobresaltado,
40   cuando miro esta gloria breve y pura, presente.
     Hoy quiero ser un canto,
     un canto levantado más allá de mí mismo.

     ¡Cómo tiemblan las hojas pequeñitas y nuevas,
     las hojitas verdes, las hojitas locas!
45   De una en una se cuentan
     un secreto que luego será amplitud de fronda.
     Nadie es nadie: Un murmullo
     corre de boca en boca.

     Cuando canta un poeta como cantan las hojas
50   no es un hombre quien habla.
     Cuando canta un poeta no se expresa a sí mismo.
     Más que humano es su gozo,
     y en él se manifiesta cuando calla.
     Comprended lo que digo si digo buenos días.

          (Gabriel Celaya, *Paz y concierto*, 1953.)

POÉTICA

Apreté la voz
como un cincho, alrededor
del verso.

              (Salté
del horror a la fe.)

Apreté la voz.
Como una mano
alrededor del mango de un cuchillo
o de la empuñadura de una hoz.

              (Blas de Otero, *En castellano*, 1960.)

No SALGAS, PALOMA, AL CAMPO

Sé decir muchas cosas y otras que me callo.
Cómo decir españa, patria,
libre.
(España
5   libre.) Violentas
carcajadas.

Anda jaleo,
jaleo.
No dejan ver lo que escribo
10 porque escribo lo que veo.

Sé que Castilla
es ancha.
Cómo decir añil, ayer,
morada.
15 Ayer.
Mañana.

Anda
jaleo, jaleo.
... lo que veo con los ojos
20 de la juventud y el pueblo.

(Blas de Otero, *Con la inmensa mayoría*, 1960.)

RÉQUIEM

Manuel del Río, natural
de España, ha fallecido el sábado
11 de mayo, a consecuencia
de un accidente. Su cadáver
5   está tendido en D'Agostino
Funeral Home. Haskell. New Jersey.
Se dirá una misa cantada
a las 9,30, en St. Francis.

Es una historia que comienza
10 con sol y piedra, y que termina
sobre una mesa, en D'Agostino,
con flores y cirios eléctricos.
Es una historia que comienza
en una orilla del Atlántico.
15 Continúa en un camarote
de tercera, sobre las olas
—sobre las nubes— de las tierras
sumergidas ante Platón.
Halla en América su término
20 con una grúa y una clínica,
con una esquela y una misa
cantada, en la iglesia de St. Francis.

Al fin y al cabo, cualquier sitio
da lo mismo para morir:
25 el que se aroma de romero,
el tallado en piedra o en nieve,
el empapado de petróleo.
Da lo mismo que un cuerpo se haga
piedra, petróleo, nieve, aroma.
30 Lo doloroso no es morir
acá o allá...

                        Réquiem aeternam,
Manuel del Río. Sobre el mármol
en D'Agostino, pastan toros
35 de España, Manuel, y las flores
(funeral de segunda, caja
que huele a abetos del invierno),

cuarenta dólares. Y han puesto
unas flores artificiales
40 entre las otras que arrancaron
al jardín... Libérame Dómine
de morte aeterna... Cuando mueran
James o Jacob verán las flores
que pagaron Giulio o Manuel.

45 Ahora descienden a tus cumbres
garras de águila. Dies irae.
Lo doloroso no es morir
Dies illa acá o allá;
sino sin gloria...
50   Tus abuelos
fecundaron la tierra toda,
la empaparon de la aventura.
Cuando caía un español
se mutilaba el universo.
55 Los velaban no en D'Agostino
Funeral Home, sino entre hogueras,
entre caballos y armas. Héroes
para siempre. Estatuas de rostro
borrado. Vestidos aún
60 sus colores de papagayo,
de poder y de fantasía.

Él no ha caído así. No ha muerto
por ninguna locura hermosa.
(Hace mucho que el español
65 muere de anónimo y cordura,
o en locuras desgarradoras
entre hermanos: cuando acuchilla
pellejos de vino derrama
sangre fraterna.) Vino un día
70 porque su tierra es pobre. El mundo
Libérame Dómine es patria.
Y ha muerto. No fundó ciudades.
No dio su nombre a un mar. No hizo
más que morir por diecisiete
75 dólares (él los pensaría
en pesetas) Réquiem aeternam.
Y en D'Agostino lo visitan
los polacos, los irlandeses,
los españoles, los que mueren
80 en el week-end.

                        Réquiem aeternam.
Definitivamente todo
ha terminado. Su cadáver
está tendido en D'Agostino
85   Funeral Home. Haskell. New Jersey.
Se dirá una misa cantada
por su alma.

                        Me he limitado
a reflejar aquí una esquela
90   de un periódico de New York.
Objetivamente.
Un español como millones
de españoles. No he dicho a nadie
que estuve a punto de llorar.

        (José Hierro, *Cuanto sé de mí*, 1958.)

AL RUIDO DEL DUERO

Y como yo veía
que era tan popular entre las calles
pasé el puente y, adiós, dejé atrás todo.
Pero hasta aquí me llega, quitádmelo, estoy siempre
5   oyendo el ruido aquel y subo y subo,
ando de pueblo en pueblo, pongo el oído
al vuelo del pardal, al sol, al aire,
yo qué sé, al cielo, al pecho de las mozas
y siempre el mismo son, igual mudanza.
10   ¿Qué sitio éste sin tregua? ¿Qué hueste, qué altas lides
entran a saco en mi alma a todas horas,
rinden la torre de la enseña blanca,
abren aquel portillo, el silencioso,
el nunca falso? Y eres
15   tú, música del río, aliento mío hondo,
llaneza y voz y pulso de mis hombres.
Cuánto mejor sería
esperar. Hoy no puedo, hoy estoy duro
de oídos tras los años que he pasado
20   con los de mala tierra. Pero he vuelto.
Campo de la verdad, ¿qué traición hubo?
¡Oíd cómo tanto tiempo y tanta empresa
hacen un solo ruido!
¡Oíd cómo hemos tenido día tras día
25   tanta pureza al lado nuestro, en casa,
y hemos seguido sordos!
¡Ya ni esta tarde más! Sé bienvenida,
mañana. Pronto estoy: ¡sedme testigos
los que aún oís! Oh, río,
30   fundador de ciudades,
sonando en todo menos en tu lecho,
haz que tu ruido sea nuestro canto,
nuestro taller en vida. Y si algún día
la soledad, al ver al hombre en venta,
35   el vino, el mal amor, o el desaliento
asaltan lo que bien has hecho tuyo,
ponte como hoy en pie de guerra, guarda
todas mis puertas y ventanas como
tú has hecho desde siempre,

40 tú, a quien estoy oyendo igual que entonces,
    tú, río de mi tierra, tú, río Duradero.

(Claudio Rodríguez, *Conjuros*, 1958.)

Historia apenas entrevista

Con tristeza,
el caminante
—alguien que no era yo, porque lo estaba
viendo desde mi casa— recogió su polvoriento
5   equipaje, se santiguó, y anduvo algo.
Luego dejó de andar, volvió la cara,
y miró largamente el horizonte.
Iba a proseguir quién sabe a dónde,
cuando vio a alguien que venía a lo lejos.
10 Su rostro reflejó cierta esperanza, después una terrible
alegría. Quiso gritar un nombre, pero
su corazón no pudo resistirlo,
y cayó muerto sobre el polvo,
a ambos lados del trigo indiferente.
15 Una mujer llegó, besó llorando
su boca, y dijo:
                    Ya no puedes oírme,
pero juro
que nunca había dejado de quererte.

(Ángel González, 1961.)

EL ADIÓS

Entró y se inclinó hasta besarla
porque de ella recibía la fuerza.

(La mujer lo miraba sin respuesta.)

Había un espejo humedecido
5   que imitaba la vida vagamente.
Se apretó la corbata,
el corazón,
sorbió un café desvanecido y turbio,
explicó sus proyectos
10   para hoy,
sus sueños para ayer y sus deseos
para nunca jamás.

(Ella lo contemplaba silenciosa.)

Habló de nuevo. Recordó la lucha
15   de tantos días y el amor
pasado. La vida es algo inesperado,
dijo. (Más frágiles que nunca sus palabras.)
Al fin calló con el silencio de ella,
se acercó hasta sus labios
20   y lloró simplemente sobre aquellos
labios ya para siempre sin respuesta.

(José Ángel Valente, 1955.)

DEL AÑO MALO

Diciembre es esta imagen
de la lluvia cayendo con rumor de tren,
con un olor difuso a carbonilla y campo.
Diciembre es un jardín, es una plaza
5   hundida en la ciudad,
al final de una noche,
y la visión en fuga de unos soportales.

Y los ojos inmensos
(tizones agrandados
10 en la cara morena) de una chica
temblando igual que un gorrión mojado.
En la mano sostiene unos zapatos rojos,
elegantes, flamantes como un pájaro exótico.

El cielo es negro y gris
15 y rosa en sus extremos,
la luz de las farolas un resto amarillento.
Bajo un golpe de lluvia, llorando, yo atravieso,
innoble como un trapo, mojado hasta los cuernos.

(J. Gil de Biedma, *Poemas póstumos*, 1968.)

HIMNO A LA JUVENTUD

«Heu! quantum per se candida forma valet!»
(Propercio, II, 29, 30)

A qué vienes ahora,
juventud,
encanto descarado de la vida?
Qué te trae a la playa?
5   Estábamos tranquilos los mayores
y tú vienes a herirnos, reviviendo
los más temibles sueños imposibles,
tú vienes para hurgarnos las imaginaciones.

De las ondas surgida,
10 toda brillos, fulgor, sensación pura
y ondulaciones de animal latente,
hacia la orilla avanzas
con sonrosados pechos diminutos,
con nalgas maliciosas lo mismo que sonrisas,
15 oh diosa esbelta de tobillos gruesos,
y con la insinuación
(tan propiamente tuya)
del vientre dando paso al nacimiento
de los muslos: belleza delicada,
20 precisa e indecisa,
donde posar la frente derramando lágrimas.

Y te vemos llegar, figuración
de un fabuloso espacio ribereño
con toros, caracolas y delfines,
25 sobre la arena blanda, entre la mar y el cielo,
aún trémula de gotas,
deslumbrada de sol y sonriendo.

Nos anuncias el reino de la vida,
el sueño de otra vida, más intesa y más libre,
30 sin deseo enconado como un remordimiento
—sin deseo de ti, sofisticada
bestezuela infantil en quien coinciden
la directa belleza de la *starlet*
y la graciosa timidez del príncipe.

35 Aunque de pronto frunzas
la frente que atormenta un pensamiento
conmovedor y obtuso,
y volviendo hacia el mar tu rostro donde brilla
entre mojadas mechas rubias
40 la expresión melancólica de Antínoos,
oh bella indiferente,
por la playa camines como si no supieses
que te siguen los hombres y los perros,
los dioses y los ángeles
45 y los arcángeles,
los tronos, las abominaciones...

(Jaime Gil de Biedma, *Poemas póstumos*, 1968.)

Las masas corales

Amaban demasiado y los domingos
como nosotros y tuvieron sonrisa
desde niños, manos cálidas después
palpando vida incierta, libros
5   pocos; muchos martillo y cuerda
de cáñamo amarilla o blanca, tosca
para izar casas y ahorcar pequeña
vida, interiores de hogares, antes
de la guerra es posible iluminables
10 por carburo o candiles de aceite

pertenecieron a selectos Ateneos, otros
a marrones ateneos de barrio, quizá
de gremio —sus ediciones económicas
de Marx, Lombroso, Paracelso, San
15 Agustín o Bakunín todavía se encuentran
en montones malolientes de encantes
domingueros— y cantaron por Pascua
«Rosó, llum de la meva vida...»
en las esquinas del barrio, las masas
20 corales no inquietaban a Ortega, filósofo
sólo preocupado por las masas taciturnas
de los amaneceres de días laborables
amaron como nosotros bastante mal
pero con más esfuerzo, hicieron el amor
25 algunos, otros ya no tuvieron tiempo
podrida la hombría fláccida de su muerte

porque murieron

muchos no lejos de las vías de los trenes
junto a fuentes que constan en las guías
30 de España, para turistas de domingo

donde las flores seguramente enrojecen
de sangre antigua oculta como ríos
subterráneos que ya nadie distingue.

(M. Vázquez Montalbán,
Una educación sentimental, 1967.)

EL ALTÍSIMO JUAN SFORZA COMPONE UNOS LOORES A SU DAMA
    MIENTRAS CÉSAR BORGIA MARCHA SOBRE PESARO

La gama de los grises y de los rosas pálidos
sosiega en la penumbra nuestros ojos
que han visto tanta muerte. Culebrinas, arietes,
pavos reales, fuegos de artificio
5   acarician los muros. Entre las arpas gira
un contenido vendaval de amor.
Eternamente jóvenes, esos cuerpos de niños o
    de diosas
no en el jardín, no expuestos
al fuego y a la nieve y al hierro de la lanza,
    sino cálidamente
10   abrigados aquí, en el delgado aroma del marfil,
    no devueltos
al ciclo, a la vorágine de lo que vive y muere.
    No en el aire
que sacude la pólvora, sino en esta penumbra
entre un rescoldo helado de rubíes. Máscaras
    no corrompen
el finísimo brillo de las carnes de mármol. Eter-
    namente jóvenes,
15   eternamente vivos, eternamente vivos como en
    el primer día, debajo de la máscara,
y ni fuego ni muerte ni curso de las horas
habitarán jamás este salón.

              (Guillermo Carnero, *Dibujo de la muerte*, 1971.)

Especialidad de la casa

Hoy ha sido un día más largo que otros días.
Cuando llegó la tarde me senté a leer el diario.
Sé lo que sucede en la ciudad, lo que dan los cines,
más de cien películas famosas e importantes,
5   escrupulosamente aprendo los nombres actuales,
quién canta en el Bitter End y en el Metropólitan,
las obras nuevas On- y Off-Broadway: todo lo sé.
He leído miles de reseñas ingeniosas y bien hechas
y confundo en el recuerdo fotografías y realidad.
10 Me cuesta veinte centavos, una vez a la semana,
que para la entrada al cine, al teatro, al concierto,
la exposición, para comprar en las tiendas elegantes
y luego acabar la fiesta en un escogido restaurante,
para esas cosas de la vida el dinero no me alcanza.
15 ¿Y las reuniones de poetas? ¿Las convocaciones
de los grupos políticos y las iglesias?
Estarían sorprendidos si llegara con mi cara
seria con el alma triste bajo el brazo.
No. Yo no puedo ser más que lector de diario.

(Randolph Pope [Chile], *En el taller con Nicanor Parra*, Antiediciones Villa Miseria, Nueva York, 1972.)

Azules

Anoche soñé que Rubén Darío
llegó montando una motocicleta

(Estaba yo sentado en la cuneta,
muerto del hambre, y títere del frío).

5 —Mi pana, ¿estás pensando echarte al río?
Me preguntó sonriéndose el poeta
en lo que se quitaba la chaqueta

(Yo ya no me sentía tan jodío).

Así soñando me pasé la noche
10 corriendo con Rubén en la motora
por toda la ciudad.

                    Despierto ahora,
me siento que realmente voy en coche
por la vida que vivo.
                    Con respeto,
14 me levanto, y escribo este soneto.

(Arturo Trías [Puerto Rico], *En el taller con Nicanor Parra*, Antiediciones Villa Miseria, Nueva York, 1972.)

REVOLUCIÓN BAJO CERO

El viento jacobino ruge guillotinando zafacones,
mientras las nobles cabecitas
ruedan gritando de pavor
para morir de nieve.

5   La noche intransitable
ha cerrado las puertas
con sus clavos de escarcha.

Afuera, el viento desgreñado
como una escoba ciega,
10 apresuradamente barre las aceras.
Hay un alud de inviernos madurados
desgajándose lento:
Dios de cristal salta en pedazos a la tierra.

Algún descontrolado amante
15 se acuesta con su sombra en plena nieve;
mientras los árboles,
fantasmas en pelota, fingen,
cruz del verano,
su nueva muerte.

(Juan Manuel Rivera [Puerto Rico], *En el taller con
Nicanor Parra*, Antiediciones Villa Miseria, Nueva
York, 1972.)

planeta/universidad